AF438801

SIMPLE NOTE

SUR UN

PROJET DE CHEMIN DE FER

DE

POITIERS A SAUMUR

PAR

G^{ER} GALLAND

PARIS

TYPOGRAPHIE ET LITHOGRAPHIE RENOU ET MAULDE

RUE DE RIVOLI, 144.

1868

AVIS IMPORTANT

———

Nous prions toutes les personnes qui liront cette Note de vouloir bien nous communiquer leurs impressions et leur avis sur l'affaire.

Nous prions également toutes celles qui, déjà, nous ont donné des renseignements lors de notre voyage sur la ligne en mars dernier, de nous dire si nous avons fidèlement exposé la situation pour ce qui concerne leur localité, leur commerce ou leur industrie.

Cette publication sera ainsi pour nous un nouveau moyen de contrôle et une sorte d'enquête supplémentaire. Dans une affaire où tant d'intérêts sont engagés, il faut que la lumière se fasse d'une manière complète, et nous estimons que le meilleur moyen d'y arriver est de provoquer toutes les observations.

Nous sommes profondément convaincu que notre projet a tout à gagner à ce supplément d'informations, et qu'il sortira de cette nouvelle épreuve mieux apprécié et mieux compris encore qu'il ne l'a été jusqu'ici.

G^{er} GALLAND,

27, rue Bleue.

Paris, 15 avril 1868.

SIMPLE NOTE

SUR

UN PROJET DE CHEMIN DE FER

DE

POITIERS A SAUMUR

........Partout ailleurs les mailles
du grand filet métallique se serrent,
s'entre-croisent, portant avec elles la
fécondation et la vie.

(*Revue des Deux Mondes.*)

Le chemin de fer projeté de Poitiers à Saumur, a pour but :

1° D'éviter aux voyageurs et aux marchandises des points extrêmes et des au-delà, le circuit par Tours qui allonge la route de 65 kilomètres environ ;

2° De desservir un pays riche et peuplé par lui-même, complétement deshérité aujourd'hui, même de ses anciens moyens de transport ; car les chemins de Tours à Bordeaux et à Nantes ont tout attiré à eux.

Ce chemin qui, grâce à la loi du 12 juillet 1865, peut être construit dans les conditions d'un chemin de fer d'intérêt local, a tous les caractères d'une ligne d'intérêt général.

Embranché à Paché près Poitiers, sur la ligne de Poitiers à Bressuire, il communique ainsi, par son extrémité sud, avec les cinq lignes de :

1° **Bressuire, Nantes** ;

2° **Niort, La Rochelle** et **Rochefort** ;

3° **Angoulême, Bordeaux** et **Bayonne** ;

4° **Limoges, Périgueux** et **Toulouse** ;

5° **Châtellerault, Tours, Orléans** et **Paris.**

Aux deux tiers de son parcours, à Loudun, il rencontrera la ligne transversale des Sables et de Napoléon-Vendée à Tours, qui le mettra en rapport, d'un côté, avec

Chinon, Tours, Orléans et **Paris** ;

de l'autre, avec

les **Deux-Sèvres**. la **Vendée** et le littoral de l'**Océan.**

Enfin, à son point extrême, à Saumur, il se soude à la ligne de Tours à Nantes, par laquelle il communique, à l'est, avec

Tours, Orléans et **Paris** ;

à l'ouest, avec

Angers, Nantes et **Saint-Nazaire.**

Il trouve, en outre, à Saumur également le chemin projeté sur

Doué, Vihiers et **Cholet,**

plus,

la **Loire,**

qui lui ouvre, à l'est et à l'ouest, les mêmes communications que le chemin de fer de Tours à Nantes.

Un peu plus loin, et sur la section de Saumur à Angers, qui est son prolongement naturel et direct, il trouvera vers Saint-Mathurin le chemin projeté de la vallée de la Loire sur

Baugé;

et à Angers il aboutit :

1° A la ligne du **Mans, Chartres** et **Paris** ;
2° A la ligne projetée d'**Angers** à **Laval** ;

plus à

la **Maine**,

dont les affluents,

le **Loir**,
la **Sarthe**,
la **Mayenne**,
et l'**Oudon**,

se déploient en éventail du nord-est au nord-ouest, offrant ainsi toutes les facilités de transport et de communication imaginables (1).

Ainsi, sans parler de la Vienne ni du Thouet, qui sont à peu près parallèles à la ligne projetée, et ne sont d'ailleurs que des impasses, le chemin de fer projeté, y compris son prolongement sur Angers, touche en cinq points, et sur un parcours de 140 kilomètres environ, à

Treize lignes de chemins de fer,

et en deux autres points, à

Sept voies navigables.

On trouverait difficilement, il faut le reconnaître, une ligne mieux partagée, et il est impossible que dans ces conditions son trafic ne soit pas important.

C'est cette configuration si heureuse qui a fait naître dans notre esprit la première idée de cette étude et nous a engagé plus tard à la compléter.

Nous en dirons plus loin le résultat qui a pleinement confirmé nos prévisions premières ; mais, avant d'y arriver, nous avons à combattre certaines préventions nées d'un projet incomplet, et qui ont malheureusement trop déteint sur l'esprit public.

(1) Voir la carte n° 1.

On sait que sur la demande du Conseil général de la Vienne, M. le Préfet de ce département a fait étudier la ligne dont nous nous occupons aujourd'hui, jusqu'à Trois-Moutiers. Cette étude a été confiée à M. l'ingénieur en chef Compaing, et a été suivie d'un rapport défavorable.

Il n'en pouvait être autrement, et il est évident que M. Compaing a eu raison de conclure comme il l'a fait. Obligé d'étudier une ligne arrêtée à Trois-Moutiers, il a fait son étude dans les conditions qui lui étaient posées, et il en a fait connaître purement et simplement les résultats, comme c'était son devoir; il n'avait pas mandat d'aller au delà, et il a dû s'arrêter au point même où s'arrêtaient ses pouvoirs et ses instructions. D'un autre côté, le Préfet de la Vienne ne pouvait pas non plus lui donner d'autres pouvoirs, puisque les siens expirent aussi tout naturellement à la limite du département qu'il administre.

L'insuccès de l'étude n'est donc dû ni au Préfet, ni à l'ingénieur qui a exécuté ses ordres; il est dû tout entier à la situation elle-même, qui n'a malheureusement pas voulu qu'une étude pareille fût faite dans le département de Maine-et-Loire, sur la même ligne, au même moment et dans un même ordre d'idées. Évidemment, si cette dernière coïncidence s'était rencontrée dans l'affaire, si deux études marchant l'une vers l'autre dans les deux départements, dirigées par deux ingénieurs qui se seraient vus et concertés; si ces deux études, disons-nous, avaient abouti à un point commun et déterminé l'idée d'une soudure, l'étude complète du chemin de fer de Poitiers à Saumur en aurait été la conséquence naturelle, et les conclusions des deux ingénieurs auraient été certainement tout autres que celles du rapport isolé de M. Compaing. La soudure des deux lignes, en effet, amène le transit, et c'est le transit qui fera seul le succès de la ligne ainsi complétée, comme on le verra plus loin.

C'est dans ces termes que la question se pose pour nous, et c'est là seulement qu'il faut en chercher l'heureuse solution.

Mais avant de nous occuper du transit, parlons un peu du trafic local, en l'étendant, bien entendu, à la ligne entière de Poitiers à Saumur, et non plus seulement à la ligne restreinte de Poitiers à Trois-Moutiers. Deux moyens s'offrent à l'étude pour constater son importance et l'évaluer : les comptages sur les routes et l'enquête.

Les comptages ont contre eux deux inconvénients. D'abord, ils ne disent ni la nature des transports, ni la distance à laquelle ils s'opèrent, et il ne distinguent pas non plus entre les transports purement agricoles, qui généralement échappent au chemin de fer, et les transports commerciaux qui font au contraire son aliment. D'un autre côté, ils ne se font pas sur les chemins de grande et moyenne communication, et, dans l'état actuel de notre vicinalité, les routes impériales et départementales sont loin de représenter, comme autrefois, tout le mouvement qui s'opère d'un point à un autre dans la direction étudiée.

Les chemins de grande communication sont, en effet, d'autant plus fréquentés qu'ils sont de construction plus récente, mieux tracés par conséquent, présentant moins de côtes et se rapprochant davantage des centres populeux. C'est donc un élément important qui échappe, si on calcule d'après les seuls comptages des routes, et on est exposé en procédant ainsi à s'éloigner beaucoup de la vérité.

L'enquête a aussi ses inconvénients sans doute ; et si elle éclaire mieux une situation par les mille détails que la statistique ne peut donner, elle n'a pas non plus la même précision que cette dernière.

La statistique serait donc préférable si les comptages se faisaient partout ; mais, puisqu'il n'en est pas ainsi, et qu'on est condamné à n'avoir des deux côtés que des renseignements approximatifs, il vaut encore mieux les demander à l'enquête qui a au moins le mérite de les expliquer ; sauf à les contrôler et à les compléter les uns par les autres.

C'est le système que nous avons adopté ; et c'est de l'enquête commerciale à laquelle nous nous sommes livré personnellement et sur les lieux, que vont sortir les calculs qui forment tout à la fois la base et le fond de cette note.

L'enquête avait d'ailleurs un autre avantage à nos yeux : elle nous permettait de nous renseigner sur le transit, pour lequel les comptages ne pouvaient rien nous dire, puisqu'il s'opère aujourd'hui par la voie de Tours. Or, ce transit est très-important, et comme direction, et comme tonnage. Comme direction, il comprend toute la circulation des choses et des personnes : 1°, d'Angoulême, Bordeaux et Poitiers vers Saumur, Angers, Laval, les ports de la baie de Saint-Malo et *vice versa* ; 2°, de l'Anjou et de la

Mayenne vers Limoges, Périgueux, Toulouse et Marseille ; 3°, des mêmes points vers le centre de la France, dans la direction et jusqu'à la hauteur de Saint-Etienne et de Lyon.

Comme marchandises, ce sont celles qui tonnent le plus, pour nous servir d'un terme spécial, telles que les ardoises, les charbons, les fers, les porcelaines, les papiers, les vins et les trois-six qui transiteront principalement sur la ligne projetée.

Ceci exposé, nous pourrions immédiatement aborder les chiffres, mais avant de le faire, et pour les rendre plus facilement intelligibles, nous allons indiquer brièvement notre tracé qui suit d'ailleurs, sauf deux courtes variantes et quelques déplacements de stations, le premier tracé modifié de M. l'ingénieur en chef Compaing.

Comme lui, nous faisons partir le chemin de fer d'un point situé sur la ligne de Poitiers à Bressuire, à 2,800 mètres environ de la station de

Migné,

située sur cette dernière. Cette station serait commune aux deux lignes, et on pourrait y opérer le triage des wagons de marchandises, car la correspondance des voyageurs ne peut avoir lieu utilement que dans la grande gare de Poitiers. Ainsi placée au lieu même où sont situées les importantes carrières des Lourdines, elle serait la première de la ligne de ce côté. Pour y arriver de Poitiers, le trajet s'effectue par la ligne de Paris jusqu'à la hauteur de Bonnillet, sur une longueur de 5 kilom. 6 hect., et de là par la ligne de Bressuire, sur une longueur de 3 kilom. 7 hect.

Au sortir de la station le chemin parcourt encore sur 2,800 mètres environ cette dernière, ainsi que nous l'avons déjà dit, ce qui donne pour distance totale de Poitiers à la bifurcation, 12 kilom. 1 hect. Cette bifurcation s'opère à la hauteur de Paché, et la ligne se dirige alors dans la direction du Nord vers

Neuville,

qu'elle atteint après avoir traversé la route départementale n° 12, entre les villages de Maveau et de Bellefoix, et un peu plus loin la route impériale n° 147. Elle entre ainsi dans le triangle formé par la route départementale n° 12, la route impériale n° 147 et le chemin d'intérêt commun n° 25 ; triangle dont la route impériale forme la base et le bourg de Neuville le sommet. La station serait placée là, entre le cimetière de la commune et la route impériale, et les moyens d'accès ne lui manqueraient pas, puisqu'elle serait à proximité de six routes ou chemins parfaitement entretenus, rayonnant dans les directions de Clan, Poitiers, Cissé, Vouillé, Mirebeau et Cheneché.

Ici se place naturellement la première de nos observations sur le tracé. Pour ce qui touche la station de Neuville, nous aurions désiré qu'elle fût plus rapprochée encore du centre même de la commune, et construite entre le cimetière et les premières maisons du bourg. Il y a à cela plus d'intérêt qu'on ne le croit, et comme la question se représentera pour d'autres points, nous allons la traiter immédiatement d'une manière générale pour n'avoir plus à y revenir.

Nous croyons qu'il y a toujours intérêt à serrer de très-près les centres populeux, afin de les dégrever d'une foule de frais accessoires, et surtout d'épargner aux populations les pertes de temps dont elles souffrent, quand leurs stations sont éloignées. En France on ne nous paraît pas avoir suffisamment compris jusqu'ici les avantages de cette disposition, et il n'est pas rare de voir des stations importantes placées à plusieurs kilomètres des villes qu'elles sont appelées à desservir. En Angleterre, où on tient compte avant tout du temps perdu, et avec raison, on procède tout autrement ; et rien n'est plus commun que de voir les chemins de fer traverser les villages et installer leurs stations au centre même des villes. C'est là, à n'en pas douter, une des causes qui ont donné à la circulation dans ce pays un développement si considérable ; quand on a le chemin de fer à sa porte, comment ne pas s'en servir ?

Les stations éloignées nuisent surtout au trafic des petites distances, et quand, à l'attente du départ, il faut joindre encore le temps perdu pour arriver à la station, le temps perdu pour se rendre de la station d'arrivée à sa destination réelle, la moyenne de la vitesse sur le trajet total est tellement réduite que le chemin de fer y perd la plus grande partie de ses avantages.

Nous ne saurions donc trop insister sur ce point, dans l'intérêt bien entendu du commerce et des populations; et, comme il ne s'agit que de quelques centaines de mètres à ajouter au parcours total, les localités extrêmes n'ont pas même à s'en plaindre, et la mesure que nous proposons n'offre que des avantages sans inconvénients sérieux.

En adoptant notre variante pour Neuville, on reporterait la voie un peu plus à gauche, à la hauteur du hameau de Jarnet, pour traverser, à 1,400 mètres environ au sud de Maveau, la route impériale n° 147, puis la route départementale n° 12, au point indiqué plus haut, à gauche du cimetière; et on rejoindrait le tracé de M. Compaing près du chemin d'intérêt commun n° 25. Ici, on n'a pas même à invoquer contre nous l'allongement du parcours, car il est à peine de quelques mètres et il procure à la population de Neuville l'avantage considérable d'avoir sa station absolument chez elle. On peut être bien convaincu que partout où cette disposition sera adoptée, le trafic s'en ressentira.

Du point où les deux tracés se rejoignent, près de la route impériale n° 147, nous avions eu d'abord l'idée d'abandonner de nouveau le tracé de M. Compaing pour nous rejeter plus à droite, vers la Ville-Mal-Nommée. Dans notre pensée, une station y aurait été établie pour desservir Chabournais, Vendœuvre, Cheneché, Blalay et les cultures maraîchères de la vallée de la Pallu. Mais, après réflexion, nous y avons renoncé, et nous nous sommes rallié purement et simplement au tracé de M. l'ingénieur en chef, qui dessert peut être un peu moins directement les localités que nous venons de citer, mais s'éloigne moins par contre de Champigny et du Rochereau qui ont aussi leur importance.

Il est cependant un point sur lequel nous maintenons notre opinion première. Entre Neuville et Mirebeau, M. Compaing n'indique qu'une station, et nous croyons que ce n'est pas assez. La station projetée par lui, et qu'il appelle station de Champigny, est située un peu au nord du hameau de Lhomme. Elle a, suivant nous, le grave inconvénient d'être éloignée de toutes les localités qui l'entourent et de n'en bien desservir aucune. Si, au contraire, on la dédouble, et qu'on établisse en son lieu et place une 1re station au Pouziou et une 2e à Varennes, la 1re, sans s'éloigner de Champigny ni de Blalay, se rapproche du Rochereau, de Liniers, de Charais, de Chabournais, de Vendœuvre et de Cheneché. Il y a donc avantage évident à l'adopter, puisqu'elle favorise et rapproche en moyenne de 1 à 2 kilomètres des localités dont la population réunie dépasse 5,000 habitants (1).

La 2ᵉ, établie à Varennes, desservirait aussi Bournezeaux et Thurageau; et lors même qu'elle n'aurait pour but que de desservir cette dernière commune, elle ne serait pas inutile, car la production y est très-considérable et ne diffère pas beaucoup de celle de Champigny.

Ainsi la station établie au Pouziou et qui prendrait le nom de

La Ville-Mal-Nommée,

serait la 3ᵉ station;

Varennes,

serait la 4ᵉ.

Nous arrivons ainsi aux abords de Mirebeau, où le tracé que nous venons de suivre va cotoyer d'abord et ensuite rejoindre la variante étudiée par M. Compaing, par Charrais, Champigny, Bournezeaux et Amberre. Nous avons négligé cette variante parce qu'elle est plus longue, qu'elle dessert mal Neuville et s'éloigne trop des cultures maraîchères de la vallée de la Pallu. Maintenant que nous nous en sommes expliqué, nous n'y reviendrons plus et nous reprenons le premier tracé.

La station de

Mirebeau

(5ᵉ de la ligne) nous paraît beaucoup trop éloignée d'après les

(1)

Le Rochereau	1.033	habitants.
Charrais	765	—
Chabournais	787	—
Vendœuvre	2.295	—
Chenché	320	—

projets de M. l'ingénieur en chef, et c'est ici surtout que doivent s'appliquer nos réflexions sur l'éloignement des gares. Placée sur la route de Champigny, à 1,500 mètres environ de la portion la plus reculée de la ville, et à 2,000 mètres au moins du marché, cette station perd ainsi presque toute son utilité; sa place naturelle est dans le faubourg de la Madeleine, entre la route de Thenezay et celle de Moncontour. C'est par ces deux routes que les blés arrivent des plaines d'Assais et de Moncontour. L'emplacement est en outre à proximité du centre de la ville, et les dégagements seront tout à la fois faciles et nombreux. M. l'ingénieur en chef l'avait si bien compris lui-même que dans sa variante il place également sa station là; et quoique les cotes de hauteur ne soient pas exactement les mêmes par les deux tracés, l'examen comparatif des deux profils démontre suffisamment qu'avec certaines modifications on peut, dans l'un et l'autre cas, maintenir la station sur ce point.

De Mircbeau, où les deux tracés se rejoignent (celui par le Pouziou et celui par Champigny), le tracé se dirige directement sur

Saint-Jean-de-Sauves,

qui sera la 6ᵉ station. Avant d'y arriver cependant, nous trouvons sur la gauche le point de départ d'une nouvelle variante dirigée sur Moncontour, variante étudiée par M. Compaing sur la demande du Conseil général, mais qu'il combat dans son rapport, et avec raison. Il dit que détourner ainsi la ligne, ce serait accroître la dépense d'au moins 500,000 francs et grever en outre d'un allongement de parcours de 5 kilomètres environ, toute la circulation de ou pour les points extrêmes. Ceci est parfaitement juste et vrai, et il n'y a rien à répondre.

Nous devons cependant, pour être impartial, indiquer ici certains arguments nouveaux, qui nous ont été produits à nous-mêmes, au cours de notre enquête, et en dire aussi notre avis.

On nous a dit :

« Qu'à partir de Moncontour, rien n'était plus facile que de se

« diriger directement vers Saumur. Il n'y aurait que peu de tra-
« vaux à faire, et il en résulterait probablement une abréviation
« de parcours entre les points extrêmes. »

On nous a dit encore : « Qu'en rejetant le tracé sur la rive
« gauche de la Dive, dans le département des Deux-Sèvres, on
« amènerait probablement ce département à contribuer à l'exé-
« cution dans une certaine mesure. » Enfin on ajoutait : « Que
« Loudun n'en serait pas moins desservi, le croisement avec la
« ligne de Bressuire-Tours devant avoir lieu à Pas-de-Jeu, où la
« correspondance entre les deux lignes s'établirait. »

Sur le premier point nous répondons : 1° qu'il n'y a point
d'abréviation de parcours par la vallée de la Dive, qu'il y aurait
plutôt une augmentation ; 2° qu'il y aurait désavantage évident à
s'écarter des plaines fertiles qui s'étendent de Saint-Jean-de-
Sauves à Saint-Cassien, pour se jeter dans les marais de la Dive ;
3° qu'on ne peut délaisser Loudun, qui est la ville la plus importante
du parcours ; 4° qu'en s'éloignant de cette ville, on s'éloigne aussi
de Chinon, dont il y a, au contraire, un grand intérêt à se rapprocher ; 5° qu'en abandonnant les plaines, on se livre tout entier
à la concurrence du canal, car si les blés doivent sortir par char-
rettes de leurs lieux de production, au lieu d'y être pris directement par le chemin de fer, ils continueront certainement à se
diriger vers le canal.

Nous répondons au second argument qu'une subvention du département des Deux-Sèvres ne serait guère à espérer, parce qu'on
occuperait une lisière de terrain sur ses limites extrêmes ; qu'en
tous cas, cette subvention serait absorbée et au delà, tant par
l'allongement du parcours que par les ponts à construire et par
les travaux plus difficiles résultant d'une construction établie dans
des terrains peu consistants ; 2° que la correspondance pour
Loudun, établie à Pas-de-Jeu, au lieu de Loudun même, ne donnerait à cette ville qu'une demi-satisfaction ; que la coïncidence
des départs et des arrivées ne pourrait s'y établir à tous les trains
qu'à la condition de subordonner les départs de Poitiers et de
Saumur à cette combinaison, ce qui n'est pas possible ; que ce ne
peut être là le vœu des Préfets, des Conseils généraux et des
populations des deux-départements traversés ; et qu'enfin ce

serait probablement éloigner toute Compagnie sérieuse, puisqu'on lui enlèverait ainsi un contingent important de recettes.

Il ne faut pas oublier, en outre, que si la ville de Loudun est liée avec Poitiers par des rapports administratifs, elle est liée avec Saumur d'une manière non moins importante par ses rapports commerciaux. Or, tous les inconvénients qui se présentent pour le tracé, par la vallée de la Dive, dans la direction de Poitiers, se représentent dans la direction de Saumur avec plus de force encore en raison de la plus courte distance.

Ce tracé par la Dive bouleverserait, on le voit, toute l'économie du projet, et, nous ne saurions trop le répéter, on ne trouverait certainement pas de Compagnie pour l'exécuter.

Mais si nous rejetons absolument le tracé par Moncontour, nous croyons qu'il est juste et raisonnable de s'en éloigner le moins possible, et pour cette raison, à partir du hameau de Bonnaide, au delà de Saint-Jean-de-Sauves, nous abandonnons le tracé de M. l'ingénieur en chef Compaing, pour le rejoindre seulement un peu au delà de Triou.

Expliquons de suite les deux tracés, leurs avantages, leurs inconvénients et les raisons de nos préférences.

Le tracé de M. Compaing sort de Saint-Jean-de-Sauves par un alignement droit qui le porte jusqu'à la hauteur et un peu à l'ouest du hameau de Glande; il se dirige de là sur le village de la Chaussée et sur Aulnay qu'il laisse à gauche. La station de Moncontour serait établie, dans ce projet, à la Chaussée, c'est-à-dire à 8 kilomètres du lieu dont elle porte le nom, et à 2 kilomètres de Saint-Clair. Il n'y a plus ensuite d'autre station jusqu'à Saint-Cassien, situé à 3 kilomètres au-delà de Triou.

Dans notre projet, au contraire, le chemin quitte le tracé de M. Compaing, à 2 kilomètres au delà de Saint-Jean-de-Sauves, près du hameau de Bonnaide, et se dirige, en cotoyant à une faible distance le chemin de grande communication n° 22, jusqu'à Saint-Clair, où serait établie la station. Ainsi rapprochée de 2 kilomètres de Moncontour, elle desservirait en outre directement le bourg de Saint-Clair.

A partir de ce point, la ligne s'infléchit à droite, laisse à gauche le village de Vatré, passe entre Martaizé et Aulnay et vient rejoindre un peu au delà de Triou le tracé précédent Une station

serait établie entre Martaizé et Triou, tandis que le projet de
M. Compaing n'en comporte pas sur ce point.

Son projet n'offre pas d'autres avantages que ceux d'une distance
un peu plus courte (800 mètres environ); mais, ainsi que nous
l'avons dit, il s'éloigne trop de Moncontour et de Saint-Clair, et
en outre il y existe, selon nous, une trop grande lacune entre les
stations de la Chaussée et de Saint-Cassien. Une station intermédiaire est ici nécessaire en effet, non pas seulement pour desservir
Martaizé et Triou, mais surtout pour faciliter l'exploitation de la
forêt de Scevolle qui manque de débouchés, et où la ligne de fer
trouvera un aliment très-important. Elle aurait, en outre, pour
résultat de rapprocher notablement Guesnes, Monts-sur-Guesnes
et les moulins de la vallée de la Briande de la ligne projetée.

Cette disposition nouvelle des stations nous oblige, il est vrai,
à d'autres changements, et nous supprimons dans notre projet la
station de Saint-Cassien, que nous reportons à Seugné ; nous en
dirons plus loin les motifs. Qu'il nous soit permis de faire observer
seulement que nous ne sommes guidé dans l'ensemble de notre
plan par aucune raison de préférence pour telle ou telle localité,
mais uniquement par le désir d'accroître le produit, même au prix
de quelques suppléments de dépenses. Nous nous préoccupons
surtout et avant tout des exigences commerciales, et c'est là la
justification des quelques changements que nous avons cru devoir
faire subir au projet, d'ailleurs très-bien conçu, de M. l'ingénieur
en chef Compaing.

En raison de ce qui précède, la 7ᵉ station serait donc :

Saint-Clair-Moncontour,

et la 8ᵉ :

Martaizé, Monts-sur-Guesnes,

La station de Saint-Cassien serait en outre supprimée, ainsi que
nous venons de le dire, et voici pourquoi. Cette localité n'a pas

par elle-même une grande importance, et nous supposons que M. Compaing l'avait indiquée là, en raison du voisinage d'Angliers. Mais Triou n'est pas beaucoup plus loin de cette dernière localité que Saint-Cassien (500 mètres environ), et cette légère différence ne peut pas balancer les avantages que nous avons indiqués en faveur de la station de Martaizé.

D'un autre côté, la ligne est mal divisée par l'établissement d'une station à Saint-Cassien, car il n'est plus possible, en raison du rapprochement, d'en établir d'autre jusqu'à Loudun; et il y a cependant un très-grand intérêt à desservir d'une manière plus directe Mouterre, Arçay, Chassaigne, Silly, Challais, Mazault, Seugné, qui forment la banlieue de cette ville et dont les habitants n'iront pas prendre évidemment le chemin de fer à Saint-Cassien pour Loudun.

On voit que nous faisons ici tout à la fois dans l'intérêt général et dans celui de l'exploitation future, le dédoublement que nous avons déjà fait entre Neuville et Mirebeau.

Notre 9ᵉ station serait donc placée à

Seugné,

au centre du groupe de villages dont nous avons parlé plus haut.

Nous arrivons ensuite à

Loudun,

où sera établie une gare commune avec la ligne de Bressuire-Tours. Cette station, qui sera la 10ᵉ de notre ligne, sera située, comme dans le projet de M. Compaing, sur la route départementale n° 5, près de sa jonction avec le chemin d'intérêt commun n° 47. La disposition des lieux ne permet pas de la placer ailleurs, et c'est du reste sur ce point que se rencontrent les plus grandes facilités pour pénétrer à l'intérieur de la ville.

A partir de Loudun, le chemin suit à gauche, sans s'en écarter, la route départementale n° 11 jusqu'à

Trois-Moutiers,

où sera établie la 11ᵉ station, que nous plaçons, nous, vers le kilomètre 58, tandis que M. Compaing place la sienne à la hauteur de
Bernazay. Le tracé se dirige ensuite, par un alignement droit,
sur

Morton,

qu'il laisse à gauche, et où se termine le projet de M. Compaing. Ce
sera la 12ᵉ station.

Un peu plus loin il sort du département de la Vienne pour entrer
dans celui de Maine-et-Loire et se dirige vers

Epieds,

où il rencontre la vallée et le canal de la Dive qu'il ne quittera
plus. Epieds (13ᵉ station) desservira par correspondance Meigné,
Meron et la ville de MONTREUIL-BELLAY.

A partir de ce point, le chemin de fer traverse un pays plus riche
et plus populeux encore que celui dont il vient d'être question.
C'est le commencement de la banlieue de Saumur, et le canal de la
Dive ainsi que le Thouet y ont déjà développé un mouvement com-
mercial important.

La station suivante (14ᵉ) sera établie au bas

Brezé,

près le moulin de Baffou ; elle sera le point de correspondance
avec Fontevrault et Montsoreau, et desservira en même temps Saint-
Just, Mollay et Brou.

La ligne passe ensuite à

Saumoussay,

15ᵉ station, qui desservira Saint-Cyr-en-Bourg.

Puis vient :

Varrains,

16e station, pour Varrains, Chaintré et Chacé ; et enfin

Saumur,

où on arrive par la rive droite du Thouet, et dont la station (17e pourrait être établie avantageusement au sud de la ville, à l'extrémité de la rue d'Orléans.

Ici se présente une difficulté importante. Pour atteindre la station de la ligne de Tours à Nantes placée sur la rive droite de la Loire, il faut traverser, d'abord la ville elle-même, et ensuite le fleuve, qui a sur ce point une très-grande largeur. Si cette traversée devait s'effectuer par des travaux établis en dehors des voies existantes et au moyen d'un viaduc spécial, l'affaire serait grevée sur ce seul point d'un surcroît de dépenses considérable qui, en augmentant le capital nécessaire pour la construction, diminuerait par cela même le produit à espérer. D'un autre côté, s'arrêter à l'entrée de la ville, vers le sud, c'est rendre improductif le surplus de la ligne, puisque c'est la priver du bénéfice du transit sur lequel nous comptons, en astreignant les voyageurs et les marchandises à des difficultés sans nombre, résultant de transbordements longs et coûteux à travers la ville et les ponts.

Il n'y a qu'un moyen de tourner la difficulté, c'est de placer une voie de raccordement dans la rue d'Orléans, sur les ponts et dans la rue Royale, pour atteindre la gare de la rive droite et s'y relier. On nous a fait à cet égard plusieurs objections ; elles n'ont rien de bien sérieux, mais nous allons cependant les réfuter.

On dit en premier lieu que ce serait nuire à la circulation ordinaire et créer un contact plein de dangers que de laisser ainsi circuler des locomotives et des wagons dans les rues d'une ville. On objecte, en outre, que les ponts sont un peu moins larges que la rue d'Orléans et la rue Royale et que la gêne dans la circulation ordinaire s'y ferait sentir bien davantage.

Sur le premier point la réponse est simple et facile, car la circulation dans la ville de Saumur n'est pas telle qu'il y ait à redouter des causes d'accidents, surtout *en ralentissant la marche*. A l'appui de notre opinion, nous invoquons l'exemple de Nantes, de Bruxelles, de Cologne, et de la plupart des villes Américaines. Il est vrai qu'à Nantes la traversée de la ville par le chemin de fer est l'objet de quelques plaintes; mais il faut aussi ne pas perdre de vue que dans cette dernière ville la circulation est très-considérable, que la voie ferrée coupe les débouchés de tous les ponts, et qu'il n'y a par conséquent aucune analogie avec ce que nous proposons. A Nantes, ville populeuse, et où les ponts sont nombreux, tous sont barrés à leurs extrémités; à Saumur, ville tranquille, où les deux ponts se suivent dans une direction rectiligne, nous proposons au contraire de les enfiler.

Sur le second point la réponse est plus facile encore. En supposant qu'on se refuse à nous accorder une partie de la chaussée des ponts pour y établir notre rail, on pourrait facilement, sans dommage aucun pour personne, supprimer l'un des trottoirs et nous en concéder la place, sauf à nous isoler par une barrière de la circulation ordinaire, comme cela a lieu sur le pont Napoléon à Paris.

La solution par le moyen que nous venons d'indiquer n'a rien que de très-praticable, et pour la ville de Saumur elle est d'autant plus importante qu'un autre projet de chemin de fer est étudié par le département de Maine-et-Loire pour aller de Saumur vers Doué, Vihiers et Cholet. Or, ce chemin, qui aboutit comme le nôtre au sud de la ville, pourrait avoir avec nous une gare commune sur l'emplacement dont nous avons parlé plus haut, et la voie de raccordement lui servirait également. Tous les intérêts seraient ainsi sauvegardés de la manière la plus simple et la moins coûteuse.

Nous avons maintenant à indiquer, avant de clore ce chapitre, les distances des diverses stations entre elles, et à faire connaître également par des chiffres les raccourcissements qui profiteront aux villes correspondantes au delà des points extrêmes.

Ces renseignements résultent des deux tableaux suivants :

1° DISTANCES DES STATIONS ENTRE ELLES :

	kilom.	hect.
Parcours sur la ligne de Paris, environ...............	5	6
— sur la ligne de Bressuire jusqu'à Migné.......	3	7
— de la station de Migné à la bifurcation.......	2	8
Total des deux troncs communs.......	12	1

Première section.

	kilom.	hect.		
De la bifurcation à Neuville	4	5		
De Neuville au Pouziou (la Ville mal nommée).	4	»		
Du Pouziou à Varennes................ ...	4	4	16	9
De Varennes à Mirebeau (faubourg de la Madeleine)............................	4	»		

Deuxième section.

	kilom.	hect.		
De Mirebeau à Saint-Jean-de-Sauves........	9	6		
De Saint-Jean-de-Sauves à Saint-Clair........	4	4		
De Saint-Clair à Martaizé-Triou	5	3	28	6
De Martaizé-Triou à Seugné (1).............	6	»		
De Seugné à Loudun (route départementale n°5)	3	3		

Troisième section.

	kilom.	hect.		
De Loudun aux Trois-Moutiers..............	7	4		
Des Trois-Moutiers à Morton..............	7	»		
De Morton à Epieds........................	3	9		
D'Epieds au bas Brezé.....................	3	4		
Du bas Brezé à Saumoussay (route de Saint-Cyr)............................	3	4	34	1
De Saumoussay à Varrains	3	2		
De Varrains à Saumur (sud)...............	3	2		
Traversée de Saumur.....................	2	6		

	kilom.	hect.
Distance totale entre Poitiers et Saumur......	91	7
Et si on retranche les deux troncs communs........	12	1
on trouve qu'il reste à construire, y compris la traversée de Saumur............................	79	6

(1) Entre Saint-Jean-de-Sauves et Seugné, le tracé de M. Compaing comporte 1 kilomètre et une station de moins.

2° DISTANCES COMPARATIVES PAR LA LIGNE DE POITIERS-SAUMUR ET PAR LES LIGNES VOISINES.

De Poitiers à Saumur :

	kilom.	hect.
Par Tours....................................	159	»
Par la ligne projetée.........................	92	»
Différence en moins.........	67	»

De Poitiers à Angers :

Par Tours....................................	203	»
Par la ligne projetée.........................	136	.
Différence en moins.........	67	»

De Poitiers à Laval :

Par Tours et le Mans........................	297	»
Par Saumur, Angers et la ligne projetée d'Angers à Laval, environ..............................	236	»
Différence en moins.........	61	»

De Poitiers à Chinon :

Par Tours et Port-Boulet	155	»
Par la ligne projetée.........................	80	»
Différence en moins.........	75	»

D'Angers à Limoges

Par Tours et Poitiers........................	362	»
Par Saumur, Loudun et Poitiers..............	295	»
Différence en moins.........	67	»

D'Angers à Bordeaux :

Par Tours	449	»
Par Saumur, Loudun et Poitiers..............	382	»
Différence en moins.........	67	»

De Saumur aux Sables-d'Olonne :

Par Angers et Nantes	243	»
Par Loudun et Bressuire.	190	»
Différence en moins.	53	»

Les différences qui précèdent s'appliquent, au delà de Laval,

A Granville, Caen, et Cherbourg ;

au delà de Limoges,

à Périgueux, Agen et Toulouse ;

au delà de Poitiers,

à Angoulème et Cognac ;

au delà de Bordeaux,

à Bayonne, aux Pyrénées et à l'Espagne.

Elles ont donc, comme on le voit, une très-grande importance et se feront sentir sur les points les plus divers et les plus éloignés.

Nous arrivons maintenant au point le plus délicat de notre travail, à l'évaluation des produits, et nous allons d'abord faire connaître comment nous avons procédé pour nos calculs.

Il ne s'agit pas seulement, pour apprécier le trafic probable d'un chemin de fer à établir, de connaître les produits de son sol et de son industrie, il faut encore savoir dans quelles proportions ils se consomment sur place, dans quelles proportions ils s'exportent, dans quelles directions et en quelles quantités. Il en est de même pour tout ce qui s'importe, et il faut en connaître également les quantités et les provenances. On comprend qu'en effet un chemin de fer transportera d'autant plus que la consommation des produits locaux sera moins grande, l'exportation et l'importation plus importantes. Mais comment connaître exactement tous ces détails? Là est la difficulté, car les statistiques ne renseignent qu'imparfaitement, et c'est ici surtout qu'il faut regretter l'absence des comptages sur les chemins de grande et moyenne communication. Si, en effet, ces comptages étaient faits partout où la circulation a une certaine importance, l'étude et l'appréciation en seraient beaucoup facilitées; quoiqu'il en soit, cette appréciation n'est pas absolument impossible et, en ce qui nous concerne, voici comment nous avons procédé pour tâcher de nous rapprocher le plus possible de la vérité. Nous avons d'abord fait imprimer un questionnaire qui a été envoyé à tous les maires des communes traversées, aux principaux industriels, propriétaires, agriculteurs, et dans ce questionnaire nous nous sommes attaché autant que possible à spécialiser les questions, en les divisant en même temps de manière à obtenir un ensemble d'informations qui pût nous permettre d'apprécier exactement les ressources de chaque localité et leurs rapports actuels avec les autres points de la ligne ou les au delà.

Nous avons aussi consulté les statistiques ; mais, il faut bien le dire, nous n'y avons trouvé que d'une manière très-incomplète les renseignements que nous aurions eu tant besoin d'y rencontrer. Cela tient à deux causes : d'abord à ce que les résumés statistiques publiés par le Ministère, ne comprennent que l'ensemble de chaque arrondissement. Or, il peut arriver, et il arrive en effet, qu'une partie d'un arrondissement est quelquefois riche en certains produits et l'autre très-pauvre, et il semble en résulter une moyenne générale qui représente bien la vérité pour l'ensemble, mais qui ne la représente plus pour les diverses parties. Pour n'en citer qu'un exemple : le marché de Mirebeau tire une grande partie de ses blés de la plaine d'Assais, qui est située dans l'arrondissement de Parthenay (Deux-Sèvres). Or, si on consulte la statistique, on voit que cet arrondissement consomme presque tout le froment qu'il produit et que son exportation doit être insignifiante. C'est cependant le contraire qui a lieu, et cela provient sans doute de ce que les exportations de l'une de ses parties sont à peu près compensées par des importations faites à l'autre extrémité. Il y a encore une autre cause qui doit mettre en garde contre les statistiques. Les cultivateurs, lorsqu'on les interroge, sont toujours préoccupés de cette pensée, que s'ils accusent le rendement exact de leurs terres, leurs impôts seront augmentés. Il résulte de cette tendance fâcheuse des différences quelquefois considérables, et presque toutes les statistiques des différentes communes n'accusent qu'un rendement de 12 hectolitres de blés à l'hectare, quand il est presque partout de 15 et 16, et sur certains points même, vers Loudun et Trois-Moutiers par exemple, de 19 à 20.

On conçoit que toutes ces circonstances ne diminuaient pas notre embarras. Pour en sortir, nous avons pris la résolution de parcourir en personne toute la ligne, d'interroger les négociants, les agriculteurs, de nous renseigner près des autorités et de comparer entre eux les divers renseignements recueillis, afin d'éviter tout double emploi; de comparer ensuite ces renseignements eux-mêmes avec les statistiques, et nous sommes ainsi arrivé, grâce à l'obligeance de MM. les fonctionnaires de tout ordre et de tout rang, à recueillir un ensemble d'informations des plus complets, et qui certainement se rapproche autant qu'il est possible de l'espérer, de la situation vraie des localités traversées.

Eh bien! nous devons le dire, il est sorti pour nous de cette enquête la preuve évidente que *le pays traversé par la ligne projetée est des plus riches et des plus intéressants, et qu'il est impossible de le laisser plus longtemps déshérité d'une voie de fer.* Il y a là des richesses accumulées qui s'ignorent elles-mêmes, et nous avons la satisfaction de pouvoir ajouter que tout ce que nous avions prévu lorsque nous avons eu pour la première fois l'idée de cette ligne, se trouve réalisé bien au delà de nos espérances et de nos désirs.

Maintenant abordons les chiffres, sauf à les expliquer et à les commenter chaque fois que cela sera nécessaire.

RECETTES

Les recettes principales d'un chemin de fer peuvent se diviser de la manière suivante :

1° La petite vitesse, comprenant les marchandises et les bestiaux;

2° Les voyageurs ;

3° La messagerie et les marchandises de grande vitesse ;

4° Les bagages, les chiens et les finances;

5° Les animaux transportés en grande vitesse.

Pour rendre plus clair le travail auquel nous allons nous livrer, nous le subdiviserons encore en trafic local et en trafic de transit.

PETITE VITESSE

MARCHANDISES

Trafic local.

Le trafic local, sur la ligne projetée, se composera principalement des céréales de toutes sortes, y compris les pommes de terre, des vins, vinaigres et spiritueux, des pierres et moellons, des bois et des farines.

Il faut y ajouter les marchandises suivantes en provenance des au delà ou des points extrêmes, destinées à la consommation du pays : la houille, les engrais, le sable, les chaux hydrauliques et autres, les ardoises, briques et carreaux, et les produits divers.

Céréales.

Les céréales s'exportent surtout des grands marchés de Neuville, Mirebeau, Loudun et Saumur.

On peut en établir le compte annuel ainsi qu'il suit :

2,300 tonnes environ sortent de Neuville pour le marché de Mirebeau. Comme il s'agit ici d'un transport plus spécialement local, nous n'en attribuerons que la moitié **au chemin de fer** projeté; soit 1,150 tonnes parcourant chacune 13 kilomètres, ce qui donne 14,950 tonnes transportées à 1 kilomètre, ci.   **14.950**

Il se fait sur le *marché régulateur de Mirebeau*, d'après des renseignements puisés aux meilleures sources, environ 550,000 hectolitres de céréales de toutes sortes. Ce qui se consomme ou s'éparpille sans faire l'objet de transports à longues distances, peut être évalué à 150,000 hectolitres environ; il en reste donc 400,000 sur lesquels nous réduisons 1/4, soit 100,000, afin d'éviter tout reproche d'exagération. Les 300,000 hectolitres restants vont sur Poitiers, Châtellerault et Pas-de-Jeu. Ces derniers, selon toute vraisemblance, iront à Saumur par chemin de fer, car le transport par terre, jusqu'à Pas-de-Jeu, coûterait plus cher que le transport par chemin de fer jusqu'à Saumur; on peut donc calculer le tout sur un parcours moyen de 40 kilomètres. On a ainsi 300,000 × 75 kilogrammes, poids de l'hectolitre, = 22,500 tonnes × 40, distance moyenne=   **900.000**

25,000 hectolitres environ sortent des communes de Saint-Jean-de-Sauves, Frontenay, Saint-Clair, Moncontour, Martaizé et Saint-Cassien, pour le marché de Mirebeau; mais nous n'en comptons que la moitié, ce qui nous donne 12,500 × 75 = 937 tonnes parcourant moyennement 15 kilomètres, ci........   **14.055**

20,000 hectolitres environ sortent directement des communes de Saint-Clair, Moncontour, Martaizé et Saint-Cassien pour aller vers Pas-de-Jeu, Loudun et Saumur. Le chemin de fer prenant ces blés sur les lieux mêmes, les aura à peu près tous; néanmoins nous n'en comptons aussi que la moitié, soit 10,000 × 75 = 750 tonnes × 30 kilomètres, distance moyenne = ...   **22.500**

200,000 hectolitres environ de blés et orges vont de Loudun et Richelieu vers Nantes, par Saumur. Ils n'iront pas non plus prendre le canal, parce que

A reporter........   **951.505**

Report.......... 951.505

le transport par terre jusqu'à Pas-de-Jeu, coûterait autant que le transport par chemin de fer jusqu'à Saumur. Néanmoins réduisons de 1/4 également cette quantité. Il reste donc 150,000 × 70, poids moyen, = 10,500 tonnes × 35 kilomètres = ... 367.500

100,000 hectolitres de blés environ vont de Loudun vers Mirebeau ; ceux-là sont acquis en entier au chemin de fer ; 100,000 × 75 = 7,500 tonnes × 29 kilomètres = ... 217.500

On a vu plus haut les blés descendre de Mirebeau vers Loudun et Saumur, et on voit ici d'autres blés remonter de Loudun vers Mirebeau. Ceci demande explication.

Les blés du Mirebalais sont des blés durs qui ne conviennent pas toujours aux minotiers du pays, mais qui conviennent au contraire très-bien pour l'exportation. Les blés du Loudunais, au contraire, sont des blés tendres, convenant très-bien pour la mouture, faisant plus blanc, mais supportant moins bien l'exportation parce que l'humidité leur est contraire.

Là est toute la raison de ce va-et-vient qui ne se comprend pas d'abord, mais dont nous n'avons pas à nous plaindre, puisqu'il nous procure un double courant de transports.

20,000 hectolitres environ de blés, orges et avoines vont de Trois-Moutiers, Saint-Léger, Morton et environs vers Saumur ; 20,000 × 70, poids moyen, = 1,400 tonnes × 25 kilomètres, distance moyenne = ... 35.000

9,000 hectolitres d'orges environ sortent de Brezé, Saint-Cyr, Chacé et Varrains, pour l'exportation ; mais en raison de la courte distance qu'ils auraient à parcourir sur la ligne projetée et de la concurrence du canal nous ne les indiquons que pour........ mémoire.

Total des céréales.......... 1.571.505

tonnes transportées à un kilomètre, ou en chiffres ronds 1.570.000

tonnes ; ce qui représente 19,625 tonnes transportées à distance entière.

Le résultat ci-dessus, rapproché des déclarations faites partout par le commerce et contrôlées les unes par les autres, paraît être au-dessous de la vérité, mais nous avons préféré modérer nos appréciations que de les exagérer, et nous ajoutons de suite, pour n'avoir plus à y revenir, que toutes nos autres évaluations ont été faites dans le même esprit.

En outre de tout ce qui précède, il se fait encore accidentellement des expéditions importantes de céréales de Saumur vers le Midi de la France. Ces expéditions n'ayant lieu qu'à des intervalles éloignés et seulement quand le Midi manque, nous ne les notons ici que pour.. mémoire.

Pommes de Terre.

L'écart des prix pour les pommes de terre entre Trois-Moutiers et Poitiers n'est pas moindre de 2 fr. par hectolitre en ce moment; il est donc très-probable que l'excédant de production de la première de ces deux localités, qui est de 1,900 tonnes, se dirigerait sur Poitiers. Nous n'en comptons cependant que la moitié, soit 950 × 53 kilomètres = ... 50.350

Le canton de Loudun peut en fournir au minimum 4,000 tonnes qui prendraient sans doute la même direction. Nous n'en comptons que la moitié également, soit 2,000 × 35, distance moyenne =...... 70.000

Les communes de Mirebeau, Cheneché et Vandœuvre en fournissent aussi ; mais comme nous n'en connaissons pas exactement les quantités, nous ne les mentionnons que pour......................... mémoire.

Total.............. 120.350

tonnes transportées à 1 kilomètre, ou 1,504 tonnes transportées à distance entière.

Vins, Vinaigres et Spiritueux.

4,000 tonnes environ s'expédient annuellement de Neuville sur Saumur et au delà ; 4,000 × 76 = 304,000, ci....   304.000

3,000 hectolitres environ sont expédiés de Mirebeau sur Saumur et au delà ; 3,000 × 110 kilogr. chacun = 330 tonnes × 63 kilomètres =........   20.790

10,000 hectolitres, représentant 1,100 tonnes, s'expédient d'Amberre, Champigny, le Rochereau et Thurageau vers Loudun ; 1,100 × 34 kilomètres, distance moyenne = ...   37.400

7,000 hectolitres sont expédiés des communes de Saint-Jean-de-Sauves et Frontenay vers Châtellerault; 7,000 × 110, poids moyen, = 770 tonnes × 27 kil., distance moyenne =.....................   20.790

25,000 hectolitres sont expédiés de Richelieu, Monts et Loudun sur Saumur; 25,000 × 110 = 2,750 tonnes × 37 kilomètres, distance moyenne........   101.750

12,000 pièces environ à 230 litres, soit 27,600 hectolitres, sont expédiées de Saint-Léger, Trois-Moutiers, Ternay et Curçay sur Saumur ; 27,600 à 110 kilogrammes = 3,036 tonnes × 25 kilomètres, distance moyenne = ...   75.900

4,500 pièces environ, représentant 10,350 hectolitres, sont expédiées de Épieds, Brezé et Saint-Cyr-en-Bourg sur Saumur. En raison de la courte distance qui laissera sans doute une partie de ces transports à la route de terre, nous n'en comptons que la moitié, soit 5,175 hectolitres à 110 kilogr. = 569 tonnes × 13 kilomètres, distance moyenne=   7.397

Les importations du commerce de Loudun et de Saumur en vins et spiritueux du Midi, représentent environ 700 tonnes parcourant sur la ligne une distance moyenne de 65 kilomètres; 700 × 65 = ...   45.500

A reporter........   613.527

Report............ 613.527

Les exportations de ces deux places représentent environ les mêmes quantités, parcourant sur la ligne une distance moyenne moitié moindre........... 22.750

Le commerce de Saumur expédie en outre sur Bordeaux, les Charentes et le Centre seulement, 1,400 tonnes environ de vins champagnisés, soit $1,400 \times 80 =$ 112.000

Nous ne parlons pas de Migné ni d'Aventon qui demandent avec instance le chemin de fer pour expédier leurs produits sur Saumur, où ils ne peuvent aujourd'hui les envoyer en raison de la cherté des transports. La production de ces deux communes est considérable, cependant nous ne la portons que pour... mémoire.

Neuville expédie sur Saumur et au delà, 1,000 hectolitres de vinaigre représentant 110 tonnes ; $110 \times 76 =$ 8.360

3,000 hectolitres de vinaigre également, représentant 330 tonnes, sont expédiés de Mirebeau sur le même point ; $330 \times 64 =$...................... 21.120

Enfin Loudun expédie dans la Mayenne environ 500 hectolitres, représentant 55 tonnes; $55 \times 35 =$ 1.925

____

Total des vins, vinaigres et spiritueux.... 779.682

tonnes transportées à 1 kilomètre, ou 9,745 tonnes transportées à distance entière.

Pierres et moellons.

Les carrières de Château-Gaillard nous promettent pour Saumur et au delà, dans la direction d'Angers et Laval, 10,000 mètres cubes de pierres annuellement, représentant 25,000 tonnes. Ceci n'est, il est vrai, qu'une espérance, mais le propriétaire des carrières se croit certain d'arriver à ce chiffre, et il en donne pour raison les développements considérables qu'a pris son exploitation, la qualité et la belle apparence de ses produits, et enfin les grandes

facilités que lui procurera le chemin de fer pour ses expéditions.
Dans une longue lettre qu'il nous a fait l'honneur de nous écrire, il
dit qu'un accroissement important dans ses ventes s'est toujours
manifesté chaque fois que la Compagnie d'Orléans lui a fait une
réduction de tarif, et à l'appui de sa manière de voir, il cite un fait
qui a, suivant nous, une grande signification : « On lui a demandé,
« il y a deux ans, de la pierre pour construire une chapelle dans
« le département des Deux-Sèvres, aux environs de Thouars. Or,
« cette pierre rendue sur les lieux n'a pas coûté moins de 1 fr. par
« kilomètre et par mètre cube, c'est-à-dire sept fois environ ce
« que lui coûte le transport par chemin de fer entre Poitiers et
« Paris. » Il en conclut avec raison, que le jour où les prix de
transport seront abaissés pour lui dans la proportion de 7 à 1, ses
produits arriveront dans des contrées où ils n'ont pu pénétrer
jusqu'ici et se vendront en outre en beaucoup plus grande quantité dans les contrées où ils pénètrent déjà. L'exemple du passé
vient du reste confirmer de tous points son affirmation. Avant le
chemin de fer, ses carrières étaient à peine exploitées et n'occu-
paient que quelques rares ouvriers ; elles en occupent aujourd'hui
160 à 180 et ont produit 30,000 tonnes en 1866. En outre l'extraction va être de beaucoup facilitée par le chemin de fer de Poitiers
à Bressuire, qui passe à l'entrée même des carrières et en favori-
sera l'exploitation dans des proportions considérables.

Nous ne croyons pas cependant, lorsqu'il ne s'agit que d'une
espérance, devoir en tenir le même compte que s'il s'agissait d'un
fait actuel, et nous réduisons en conséquence à 5,000 mètres cubes,
soit 12,500 tonnes, ce qu'on peut espérer avoir à enlever sur ce
point ; 12,500 × 80 =..................................... 1.000.000

Le raisonnement qui précède pourrait peut-être
s'appliquer également aux carrières de tufau de
Marigny-Brisais, qui sont peu exploitées aujourd'hui
en raison de la difficulté des transports, mais qui
sont, comme les précédentes, presque inépuisables.
Suivant les renseignements qui nous ont été donnés,
on trouverait facilement le placement de ces pierres
vers Loudun, et on estime qu'une extraction de
5,000 tonnes annuellement pourrait être considérée

A reporter......... 1.000.000

Report............ 1.000.000

comme très-modérée, en raison de la grande importance de ces carrières. Néanmoins, comme elles ne
sont pas situées sur le parcours même de la ligne,
mais à une certaine distance, nous n'en tenons
compte que pour............................ mémoire

Il se transporte de Loudun à Martaizé, Saint-Jean-
de-Sauves, Moncontour, Saint-Jouin et les Deux-
Sèvres, 7,000 tonnes de tufau environ. En raison de
la faible distance à parcourir et de la concurrence
possible par la route de terre, nous n'en compterons
que la moitié, soit 3,500 tonnes, la distance
moyenne du transport étant de 15 kilomètres;
$3,500 \times 15 =$............................ 52.500

De Saumoussay il se transporte aujourd'hui par la
navigation des quantités considérables de tufau pour
Saumur. Tout le coteau sur lequel est bâti Saint-Cyr
est composé de cette pierre, et ce coteau lui-même
est perforé dans tous les sens par les galeries. L'extraction n'a pour ainsi dire pas de limites, et comme
la station sera située au sortir même de la carrière,
il n'est pas douteux que le chemin de fer projeté
trouvera sur ce point un tonnage important. Il faut
tenir compte, cependant, de la concurrence du canal et
de la route de terre, mais nous ne croyons pas néanmoins devoir évaluer au-dessous de 10,000 tonnes les
transports à espérer sur ce point; $10,000 \times 9$ kil. $=$ 90.000

On expédie de Martaizé vers Loudun dans l'état
actuel, 2,000 tonnes environ de moellons. En raison
du peu de distance, le chemin de fer n'aurait évidemment qu'une partie de ces transports, mais d'un
autre côté, la facilité des communications augmen-
terait probablement l'extraction dans une proportion
notable. Nous ne les comptons néanmoins que pour   mémoire.

Il existe à Basses, près Loudun, des carrières
importantes de moellons durs, d'excellente qualité.
Ces carrières, avec des moyens de communication

A reporter......... 1.142.500

Report............ 1.142.500

faciles, prendraient une très-grande importance. Ce moellon s'appelle de la galuche ; il peut être employé pour les travaux de chemins de fer et pour les ponts faits avec ce qu'on appelle du moellon appareillé. On pourrait en expédier avec grand avantage sur Saumur et Nantes, et même sur Poitiers, où le moellon est beaucoup moins bon. On estime que dans ces conditions, il pourrait en être extrait et expédié 3,000 tonnes au moins ; 3,000 × par une distance moyenne de 40 kilomètres =........................... 120.000

Enfin il s'expédie de Mirebeau pour Loudun des pierres propres à être employées en dallages et en marches ; on les appelle pierres d'Aubure. Ce qui arrête le développement de cette industrie, c'est que le transport ne coûte pas moins de 20 francs par tonne entre Mirebeau et Loudun. Les entrepreneurs de cette dernière ville croient qu'il s'en vendrait beaucoup si le chemin de fer existait. Nous ne comptons néanmoins ce chapitre que pour........ mémoire.

Loudun tire aussi beaucoup de pierres dures de Sainte-Maure et Chinon, et quelquefois de Chauvigny, mais rarement, à cause de l'élévation des prix de transport. Si le chemin de fer existait, il est certain qu'il en viendrait beaucoup plus de ce dernier point. Nous ne le comptons cependant aussi que pour.... mémoire.

Total des pierres et moellons... <u>1.262.500</u>

tonnes transportées à 1 kilomètre, ou 15,781 tonnes transportées à distance entière.

Bois de toutes sortes.

Il existe sur plusieurs points de la ligne, mais principalement au nord et au sud de Loudun, des forêts importantes parmi lesquelles on doit citer surtout la forêt de Scevolle, entre Mirebeau et Loudun, traversée par la route impériale n° 147, et distancée seulement de 2 à 3 kilomètres de la station projetée de Martaizé avec

laquelle elle est reliée par une bonne route. Suivant les renseignements que nous avons obtenus de divers côtés, et qui tous concor-
dent entre eux, cette forêt donnerait de très-beaux et très-nombreux
produits si on lui ouvrait des débouchés. Les essences de chêne qui
y dominent sont des bois de premier choix pouvant fournir com-
munément des équarissages de 25 à 30 centimètres, et exception-
nellement de 35 à 40. Ces essences sont excellentes et le cœur du
bois est très-bon. Il convient pour le charronnage, les futailles, les
bois de fusils, le chevronage, la charpente, la menuiserie et les
traverses de chemin de fer ; on y trouverait aussi de grandes quantités de bois à brûler. Il y a là, suivant la déclaration d'un entre-
preneur de Loudun, des *ressources considérables pour un chemin de fer.*

Un peu plus au nord, vers Angliers, la forêt du Bouchet produit
beaucoup de sapins, de chênes et de peupliers, qui servent pour le
chevronage et la volige. La majeure partie de ces bois sont
achetés par les challiers qui les revendent à Nantes pour les caisses
d'emballages.

Enfin entre Loudun et Saumur, en allant du sud au nord, on
trouve successivement les bois de Fête, de Ternay, de Lantrais, de
Verrière, de Morton, de Roiffé, de Rabaté, qui bordent à droite et
à gauche la ligne projetée et qui, réunis, n'ont pas une importance
moindre que la grande forêt de Scevole.

Mais les transports par terre sont si coûteux que Loudun, en-
touré de forêts, paie le bois à brûler 100 francs les 100 fagots,
tandis que Saumur, éloigné des bois, mais facilement approvisionné
par ses rivières, ses canaux et ses chemins de fer, ne le paie que
80 francs.

C'est toujours, on le voit, la même question qui se représente de
tous côtés et sous toutes ses faces : la circulation des choses,
comme celle des personnes, est entravée par le prix élevé des
transports.

Tâchons maintenant d'évaluer ce que la ligne projetée peut
espérer comme tonnage de l'exploitation des forêts dont nous
venons de parler.

D'après nos renseignements, la ville de Saumur seule reçoit :

en bois de corde, environ............ 750 tonnes.
en cotrets........................ 4.000
en échalas....................... 250
Total........ 5.000 tonnes.

Le bois de corde et les cotrets viennent généralement de Baugé, éloigné de Saumur de 34 kilomètres, et paient 8 francs de la tonne pour transport, soit 23 centimes 1/2 par tonne et par kilomètre. Quand on pourra les faire venir de la forêt de Scevolle ou des bois plus rapprochés, moyennant un prix variant de 3 francs à 4 fr. 85 c. il est bien présumable qu'on n'ira pas les chercher ailleurs.

D'un autre côté, dans la direction de Poitiers, les localités situées dans les vallées de la Pallu et de l'Auxances, manquent de bois, et il y a là un débouché nouveau tout trouvé pour la ligne projetée. Enfin, nous n'avons parlé dans tout ce qui précède ni de Poitiers, ni de Mirebeau, ni de Loudun ; et ces trois villes ont bien aussi leurs besoins, qu'il faudra également satisfaire.

Nous croyons donc rester de beaucoup au-dessous de la vérité en évaluant à 10,000 tonnes transportées moyennement à 40 kilomètres (c'est-à-dire au double seulement de la consommation de Saumur) le tonnage à espérer des bois situés sur la ligne, ce qui donne 10,000 × 40, distance moyenne, =   400.000

Comme bois à ouvrer, on peut compter au moins sur un quart de cette quantité, soit....................   100.000

Loudun reçoit en outre, par Nantes et Saumur, en sapin du Nord, environ 1,500 tonnes × 35 =........   52.500

Nous ne parlons pas des bois de noyer qui s'expédient en assez grande quantité des environs de Loudun pour Nantes, parce que nous n'avons pas de données suffisamment précises à cet égard ; nous les mentionnons seulement pour..........................   mémoire.

                                    Total des bois........   552.500
tonnes transportées à 1 kilomètre, ou 6,906 tonnes transportées à distance entière.

Farines.

Plusieurs boulangers de Mirebeau et environs envoient moudre leurs blés dans les usines de la vallée de l'Auxances, qui leur réexpédient les farines provenant de cette mouture. Les renseignements que nous avons obtenus à cet égard, évaluent à 2,500 tonnes environ les quantités ainsi expédiées, et on doit supposer que le chemin de fer en obtiendrait bien la moitié. C'est donc 1,250 tonnes transportées à 17 kilomètres, soit 1,250 × 17 =....   21.250

Les usines de la vallée du Clain, entre Poitiers et Châtellerault, auxquelles le chemin de fer ouvrira un nouveau marché, expédieront sans doute vers les mêmes points des quantités à peu près égales, soit.........   21.250

Les minoteries de Saint-Jean-de-Sauves expédient leurs produits sur Mirebeau, Monts, Lencloître, Poitiers et Loudun. On peut compter sur 1,000 tonnes environ à transporter par chemin de fer à une distance moyenne de 20 kilomètres; 1,000 × 20 =..........   20.000

Les différentes usines situées sur le canal de la Dive et le Thouet expédient surtout leurs produits vers Nantes, et il y a peu à compter sur elles. Cependant, quand les eaux seront basses ou les ordres pressants, elles remettront évidemment leurs expéditions au chemin de fer qui sera autant à leur proximité que le canal. Nous ne les comptons en conséquence que pour 2,000 tonnes parcourant 12 kilomètres, soit 2,000 × 12 =   24.000

Pour les farines, nos éléments d'appréciation sont incomplets, et nous sommes évidemment de beaucoup au-dessous de la vérité. D'un autre côté, le courant des transactions sur cette marchandise est, cette année, tout à fait renversé. Ainsi Loudun a tiré dernièrement de Toulouse 500 culasses qui ont été enlevées à la gare de Poitiers, et il en existe peut-être d'autres dans le même cas. Nous ne les comptons pas parce que cette opération ne paraît pas normale et ne peut être rangée au nombre de celles qui se suivent régulièrement.

Nous ne comptons pas non plus tout ce qui peut sortir des moulins de la vallée du Negron, entre Loudun et Chinon, parce que nous n'avons pas de données suffisantes à cet égard, et nous portons le tout pour......   mémoire.

Total des farines........   86.500

tonnes transportées à un kilomètre, ou 1,081 tonnes transportées à distance entière.

Houille.

Il arrive à Mirebeau, venant des gares de Clan et de Châtellerault, environ 800 tonnes qui viendront évidemment par la ligne projetée en la parcourant sur 17 kilomètres; 800 × 17 =....   13.600

200 tonnes environ viennent des mêmes lieux pour les communes du canton; elles parcourront en moyenne 10 kilomètres, soit............................   2.000

150 tonnes environ viennent également des mêmes lieux pour les communes du canton de Moncontour; 150 × 30, distance moyenne, =.................   4.500

1,000 tonnes environ viennent de Saumur pour Loudun; 1,000 × 35 =...........................   35.000

100 tonnes environ viennent du même lieu pour le canton de Trois-Moutiers; 100 × 27 =. 2.700

3,000 tonnes environ viennent du Centre pour Saumur. Nous croyons que cette quantité est appelée à s'accroître considérablement, néanmoins nous ne comptons que sur ce chiffre; 3,000 × 80 =........   240.000

Total des houilles........   297.800
tonnes transportées à 1 kilomètre, ou 3,722 tonnes transportées à distance entière.

Engrais.

Les besoins sont considérables sur toute la ligne; une seule commune, d'étendue moyenne, aurait besoin de 1,500 tonnes d'engrais annuellement. On peut donc évaluer les quantités à ce qui se consomme de plâtre pour les prairies artificielles, et c'est certainement le minimum. Ces quantités sont de 6,000 tonnes environ transportées à demi distance, soit 6,000 × 40 =..   240.000

A reporter............   240.000

Report. 240.000

Les plâtres avec lesquels on fume les prairies artificielles, représentent, ainsi que nous venons de le dire,
6,000 tonnes environ; 6,000 × 40 =. 240.000

Total des engrais. 480.000

tonnes transportées à 1 kilomètre, ou 6,000 tonnes transportées à
distance entière.

Sable.

Le sable manque complétement à Loudun, Ouzilly, Moncontour
et dans les communes environnantes, ainsi que dans la vallée
du Thouet. Il coûte de transport jusqu'à Loudun 6 francs le
mètre cube, et dans les mêmes conditions ne coûterait guère par
chemin de fer que 2 fr. 60 ou 3 fr. 35, suivant que le déchargement
resterait ou ne resterait pas à la charge des destinataires.

D'après les renseignements qui nous ont été fournis, la ville de
Loudun consomme à elle seule environ 30,000 mètres cubes de
sable de la Loire, et sur ce point la ligne projetée n'a aucune espèce
de concurrence à craindre; cependant, pour éviter tout reproche
d'exagération, nous réduisons de 1/3 la quantité ci-dessus qui se
trouve ainsi descendre à 20,000 mètres cubes; 20,000 à 1,250 kil.
l'un = 25,000 tonnes × 35 kilomètres =. 875.000

On estime que Moncoutour, Ouzilly et environs
pourraient en employer 3,000 mètres à 1,250 kilogrammes = 3,750 tonnes × 56 kilomètres, distance
moyenne, =. 210.000

Les localités de la vallée du Thouet en absorbe-
raient à peu près une quantité égale, soit 3,000 mètres
représentant 3,750 tonnes × 18 kilomètres, distance
moyenne, =. 67.500

Total du sable. 1.152.500

tonnes transportées à 1 kilomètre, ou 14,406 tonnes transportées à distance entière.

Chaux hydrauliques et autres.

Il existe à Doué et à Montreuil-Bellay des fabriques très-importantes de chaux hydrauliques, et les quantités expédiées sont si considérables qu'on a construit dans la gare de Saumur un bâtiment spécial pour les recevoir. Les chaux de Doué ne viendront évidemment sur notre ligne que quand le chemin de fer d'intérêt local de Vihiers à Saumur sera exécuté, mais celles de Montreuil-Bellay, qui ne sont qu'à 8 ou 9 kilomètres d'Epieds, prendraient vraisemblablement notre ligne pour aller dans le Midi. Nous ne les comptons néanmoins, faute de renseignements suffisants à cet égard, que pour............................... mémoire.

Il existe à Basses près Loudun, d'importantes fabriques de chaux grasses pour la construction. Ces chaux coûteraient en gare de Loudun 15 à 16 francs le mètre cube. La chaux de Basses foisonne, c'est-à-dire qu'elle a plus d'expansion et de volume que la chaux ordinaire. Elle vaut comme qualité 30 0/0 de plus que celle employée à Saumur et à Poitiers ; cette dernière est en outre un peu plus chère.

On estime que le chemin de fer étant construit, il s'en expédierait tant vers Saumur que vers Poitiers, 5,000 tonnes au minimum, lesquelles, sur une distance moyenne de 40 kilomètres, représentent........... 200.000

Enfin il existe sur la lisière de la forêt de Scevolle d'importantes challeries dont nous ne connaissons pas la production et que nous portons seulement aussi pour.. mémoire

Total des chaux........... 200.000

tonnes transportées à 1 kilomètre, ou 2,500 tonnes transportées à distance entière. Ces quantités sont évidemment de beaucoup au-dessous de la réalité.

Ardoises.

Nous n'avons, à cet égard, aucune donnée positive, et nous les notons seulement pour mémoire. Nous devons cependant faire observer que dans beaucoup de localités les maisons sont couvertes en tuiles, parce que les prix élevés de transport empêchent les ardoises d'y pénétrer.

Nous ne les notons donc que pour.............. mémoire.

Briques et Carreaux de pavage.

Ces marchandises viennent de Cinq-Mars, Langeais, Angers et Châteauroux, par les dépôts de Monsoreau et de Saumur; les briques pour construction se fabriquent en outre sur la ligne, aux challeries et à Loudun. On peut estimer le mouvement de ces marchandises à 1,000 tonnes environ parcourant en moyenne 30 kilo-mètres, soit.................................... 30,000 tonnes transportées à 1 kilomètre, ou 375 tonnes transportées à distance entière.

Sel.

Il s'en consomme environ 400 tonnes dans les localités intermé-diaires, sans compter bien entendu, Poitiers et Saumur qui reçoivent le leur par d'autres voies. 400 × 40, distance moyenne, = 16.000

Épicerie.

Saumur expédie environ 200 tonnes sur la Vienne et les Deux-Sèvres. On peut les calculer transportées à une distance moyenne de 45 kilomètres, ce qui donne.................... 9.000

Il est probable qu'il se fait aussi des expéditions de Poitiers et de Neuville vers Mirebeau, mais nous n'en connaissons pas l'importance et nous les notons seulement pour.. mémoire.

Total.................... 9.000

Faïence, Poterie, etc.

Il s'expédie de Saumur sur la Vienne, les Deux-Sèvres et la Vendée, environ 400 tonnes de ces produits ; 400 × 60, distance moyenne, =.. 24.000

Chanvre.

Il s'expédie de Lencloître, Moncontour et la vallée de la Loire 1,400 tonnes environ pour la filature de Ligugé ; 1,400 × 40 kilomètres, distance moyenne, =.................... 56.000

Marchandises diverses.

Enfin Mirebeau et Loudun reçoivent annuellement en marchandises autres que celles ci-dessus désignées, environ 3,000 tonnes ; 3,000 × 40, distance moyenne, = ... 120.000

Légumes secs.

Il s'expédie de Loudun 200 tonnes environ, tant pour Poitiers

que pour Saumur ; 200 × 45, distance moyenne, =..   9.000
300 tonnes environ s'expédient, en outre, de Bourgueil
et Chinon sur Poitiers; 300 × 64, distance moyenne, =   19.200

Total....................   28.200

tonnes transportées à 1 kilomètre, ou 352 tonnes transportées à distance entière.

PETITE VITESSE

MARCHANDISES

Transit.

Le transit se composera principalement de houille, d'ardoises, de vins de Bordeaux et du Midi, d'eaux-de-vie et trois-six du Midi, d'arbres vivants, de toiles à voiles, de fils et de cordages, de métaux, de porcelaines et de papiers.

Houille.

1,200 tonnes environ s'expédient dès aujourd'hui d'Ahun pour Angers. C'est un nouveau débouché qui s'ouvre pour les houillères du Centre, et sans nul doute l'ouverture de la ligne projetée accroîtra considérablement le mouvement qui commence à peine à se dessiner. Ces 1,200 tonnes × 80 =............   96.000

A reporter...........   96.000

Report. 96.000

Il reste à fixer maintenant la part de l'avenir dans l'hypothèse de l'ouverture de la ligne projetée, et cette part sera assez considérable si on en juge par l'influence qu'exercent les chemins de fer dans les cas analogues. Avant l'établissement du réseau central de la Compagnie d'Orléans, en 1863, les houillères d'Ahun produisaient à grand'peine 8,000 tonnes; avec le chemin de fer, en 1866, leur production a dépassé 100,000 ! Ce n'est pas étonnant, si on réfléchit que le prix du transport est souvent ici plus élevé que celui de la matière même.

A Poitiers, depuis l'ouverture de la ligne de Limoges, ces mêmes houilles d'Ahun valent en gare 29 francs, tandis que les houilles anglaises en coûtent 44. La différence de prix est ainsi sur cette place de 15 francs par tonne; à Saumur, elle n'est plus que de 10 francs environ, et à Angers que de 4 francs. Mais il ne faut pas oublier que les houilles du Centre, quoique rapprochées aujourd'hui de Poitiers, sont encore à partir de ce point astreintes au circuit par Tours, et que l'économie qui résultera pour elles de l'exécution de la ligne projetée ne sera pas moindre de 3 fr. 50 environ par tonne.

Il est évident que dans ces conditions le transit de cette marchandise ne peut manquer d'être très-important, et on a vu plus haut, par l'exemple que nous avons cité, quelle influence considérable exercent les chemins de fer sur l'extraction et la vente de ce produit.

Nous croyons donc rester beaucoup au-dessous de la vérité en évaluant à 5,000 tonnes seulement (ce qui ne représente que le quart de la consommation d'Angers) le transit à espérer du Centre vers l'Ouest.

5,000 × 80 = ... 400.000

Nous ne parlons pas des houilles anglaises qui pénètrent à Poitiers par la ligne de La Rochelle, à Saumur par celle de Nantes et par la Loire, et pour

A reporter. 496.000

Report.............. 496.000

lesquelles il n'y a, par conséquent, aucun transit à espérer.

Total............... 496.000

tonnes transportées à 1 kilomètre.

Ardoises.

Pour les ardoises, nous avons en mains un document certain qui ne laisse aucune prise à l'erreur, et nous savons qu'il s'expédie de Trelazé pour la Vienne, la Charente, la Haute-Vienne, la Creuse, la Dordogne et la Gironde 4,611 tonnes parcourant toute la distance. Par conséquent, $4{,}611 \times 80 = $ .... 368.880 tonnes transportées à 1 kilomètre.

Vins de Bordeaux et du Midi.

Pour ce chapitre, qui a une certaine importance, nous avions demandé des renseignements à Bordeaux, mais il ne nous a pas été possible de les obtenir. Nous les avons demandés également sur les lieux de consommation et nous n'avons rien pu obtenir non plus de ce côté. Nos informations s'accordent seulement sur ce point que la consommation des vins de Bordeaux est très-importante dans l'Anjou et la Mayenne, et surtout sur ce dernier point où on ne récolte pas de vin.

Pour nous rendre un compte approximatif, nous avons dû, en conséquence, chercher un autre moyen, et nous croyons l'avoir trouvé en évaluant ce que les deux départements de Maine-et-Loire et de la Mayenne peuvent consommer, d'après ce qui s'expédie par mer dans les départements situés plus à l'ouest à la même hauteur. Ces quantités peuvent être fixées à 5,000 tonnes annuellement ; néanmoins, pour nous maintenir dans les appréciations les plus modérées, nous n'en compterons que 3,000, lesquelles $\times 80 = $................................ 240.000

A reporter.......... 240.000

Report 240.000

Quant aux vins du Midi, qui ne servent que pour les coupages, nous n'en parlons pas, parce que les quantités sont trop variables et trop incertaines. Nous les portons seulement pour . . . . mémoire.

Total. 240.000

tonnes transportées à 1 kilomètre.

Eaux-de-vie et trois-six du Midi.

Les quantités peuvent être évaluées, comparativement aux vins, à $1/10^e$, soit. 24.000

Arbres vivants.

Ici encore nos renseignements sont plus précis. Les quantités susceptibles de transiter par la ligne projetée venant d'Angers, s'élèvent à 1,200 tonnes environ; $1,200 \times 80 = $ 96.000

Toiles à voiles, Fils et Cordages.

Les quantités expédiées d'Angers dans la même direction sont d'environ 900 tonnes; $900 \times 80 = $ 72.000

Fers, fontes, fers-blancs et autres métaux.

Les quantités venant de Commentry et des autres usines situées à cette hauteur, ou plus au sud, pour Saumur, Angers et la Mayenne, représentent 1,500 tonnes au minimum. Elles transiteront en entier par le chemin de fer projeté. $1,500 \times 80 = $ . . 120.000

Porcelaines.

Les porcelaines venant de Limoges pour les mêmes contrées représentent environ 1,000 tonnes qui transiteront également par la ligne projetée ; 1,000 × 80 = ... 80.000

Papiers.

Ainsi des papiers venant d'Angoulême, dont les quantités sont peut-être un peu supérieures, mais que nous fixons au même chiffre, soit.................................. 80.000

Lainages et autres produits.

Angers expédie environ 100 tonnes de lainages vers le Midi ; 100 × 80 = ... 8.000
Nous ne parlons que pour mémoire des produits de la Mayenne pour les mêmes contrées, dont les quantités ne sont pas connues exactement................... mémoire.

Total.................... 8.000

PETITE VITESSE

BESTIAUX

Trafic local.

Mules et Mulets.

300 têtes environ sont expédiées de Frontenay sur Poitiers ou sur Nantes mensuellement; distance moyenne : 40 kilomètres.
$300 \times 40 =$ 12,000

600 mules environ sont vendues mensuellement par les marchands de Saint-Jouin et de Marnes ; un tiers à peu près dans le pays même ou à Niort, et les deux autres tiers pour être expédiés vers Nantes.
$400 \times 12 = 4,800$ annuellement $\times$ 49 kilomètres = 235.200

Nous ne comptons pas les animaux en destination de Niort autrement que pour mémoire ; cependant il est présumable qu'ils s'en iront aussi par chemin de fer *viâ* Poitiers.................................... mémoire.

1,200 autres mules sont expédiées annuellement de Silly, près Monterre, sur Nantes également;
$1,200 \times 38 =$ 45.600

Total.................. 292.800

têtes transportées à 1 kilomètre, ou 3,660 transportées à distance entière.

Porcs.

1,750 têtes environ sont expédiées de Mirebeau pour Poitiers, Neuville, Châtellerault et Loudun ; 1,750 × 23 kilomètres, distance moyenne, = ... 40.250

80 porcs sont expédiés par semaine de Loudun et environs vers la Saintonge pour être engraissés ; 80 × 52 semaines = 4,160 × 46 kilomètres = ... 191.360

Total................... 231.610

têtes transportées à 1 kilomètre, ou 2,895 transportées à distance entière.

Moutons.

7 à 8,000 têtes sont expédiées de Mirebeau sur Paris par Châtellerault. Avec le chemin de fer projeté elles s'en iront par Loudun et Tours et parcourront sur la ligne 29 kilomètres ; 7,500 × 29 = ... 217.500

1,800 têtes (environ 150 par mois) sont expédiées aujourd'hui d'Angliers, Saint-Cassien, Martaizé et Saint-Clair pour Paris, par Port-Boulet. Elles suivront la même route que les précédentes et parcourront la ligne projetée jusqu'à Loudun. 1,800 × par 10 kilom., distance moyenne, = ... 18.000

Total................. 235.500

têtes transportées à 1 kilomètre, ou 2,943 à distance entière.

Chevreaux et Agneaux.

1,000 chevreaux environ sont expédiés de Mirebeau sur Poitiers et Neuville ; 1,000 × 15 = ... 15.000

   3,000 agneaux sortent de Mirebeau pour Poitiers et
Châtellerault ; 3,000 × 17 = ... 51.000

Total.................. 66.000

têtes transportées à 1 kilomètre. ou 825 à distance entière.

PETITE VITESSE

BESTIAUX

Transit.

Bœufs.

20,000 têtes au moins venant de Poitiers et de Chauvigny pour
le val de la Loire, entre Saumur et Angers, passaient autrefois par
Mirebeau et passent aujourd'hui par le chemin de fer de Tours.
Ils reprendront évidemment leur ancienne route, plus courte
de 67 kilomètres, quand ils y trouveront un chemin de fer.
20.000 × 80 = ... 1.600.000

   Nous ne parlons pas d'une autre catégorie de
bœufs qui continue à passer par Mirebeau : ce sont
ceux que les éleveurs dirigent vers les pâturages de
Bressuire et de Cholet. Ils prendront évidemment
la ligne de Poitiers à Bressuire qui les conduira
directement à leur destination.

Total............... 1.600.000

têtes transportées à 1 kilomètre.

Chevaux.

Avant l'ouverture du chemin de fer de Tours, tous les chevaux venant de l'Anjou et du Saumurois pour le Limousin et l'Auvergne, traversaient le département de la Vienne dans la direction de la ligne projetée. Les quantités ont été évaluées sur les lieux à 10,000 au minimum, et il en sera ici évidemment comme pour les bœufs quand la ligne projetée sera en exploitation; $10,000 \times 80 = 800.000$

Porcs.

Suivant les renseignements qui nous ont été donnés, il en sort de chacune des deux villes de Longué et de Chinon pour la Saintonge, au moins autant qu'il en part de Loudun et environs pour la même destination. Il y aurait donc lieu de calculer pour les deux points 160 têtes par semaine; soit $160 \times 52 = 8,320 \times 63$, distance moyenne $= \dots\dots\dots\dots\dots\dots\dots\dots\dots\dots\dots\dots$ 524.160 têtes transportées à 1 kilomètre, ou 6,552 têtes à distance entière.

GRANDE VITESSE

VOYAGEURS

Trafic local.

Il existe entre Poitiers et Loudun deux services de diligences qui comportent un nombre de places variant de 7 à 20, et qui existaient déjà, avant l'établissement de la ligne de Paris à Bordeaux, simultanément avec les voitures de Poitiers à Saumur. L'entreprise est organisée de manière à faire marcher des voitures petites ou grandes suivant l'affluence des voyageurs.

En outre, pendant les six mois d'été, il existe un troisième service dans les mêmes conditions.

Sur les trois services, les vides atteignent à peine moyennement la proportion du quart, suivant ce qui nous a été déclaré par une personne très-exactement informée.

Il faut donc compter deux voitures à contenance moyenne de treize vogageurs chacune, marchant toute l'année; plus une troisième dans les mêmes conditions, mais ne marchant que six mois. Ce dernier service équivaut ainsi à un service complet ne portant que six voyageurs.

On a ainsi journellement dans chaque sens 32 unités, et en déduisant le 1/4 pour les vides, seulement 24; soit dans les deux sens 48. 48 × 365 = 17,520 × 46 kilomètres = ..　805.920

Il existe entre Loudun et Saumur une voiture journalière à cinq places passant par Fontevrault; il faut en déduire 1/5 pour les vides. Restent donc quatre places, soit 8 dans les deux sens, lesquelles × 365 = 2,920 × 35 = ...　102.200

Il existe encore une voiture supplémentaire le samedi, pour le marché de Saumur, avec 16 places. Toujours complète, elle ne suffit pas. Il faut donc calculer sur 32 places, aller et retour, × 52 = 1,660 × 35 = ...　58.240

Il existe également un petit service de poste de Loudun à Trois-Moutiers, à deux places et deux départs par jour; total dans les deux sens 8, et en déduisant le quart, 6; 6 × 365 = 2,190 × 8 = ..　17.520

Le marché du samedi à Saumur nécessite en outre deux voitures partant de Saint-Léger et contenant chacune dix places. Elles sont toujours insuffisantes, comme il arrive pour celle partant de Loudun le même jour. Il faut donc compter dans les deux

A reporter ....　983.880

Report	983.880
sens 40 places × 52 = 2,080 × 20 = ...	41.600

Il existe encore, de et sur les mêmes points, un service irrégulier marchant suivant l'abondance des voyageurs et qui peut être compté pour une voiture par semaine environ, soit 1/2 des précédents. 20.800

Enfin, deux voitures à huit places circulent chaque jour entre Poitiers et Neuville, total trente-deux places aller et retour. En déduisant 1/4 pour les vides il reste 24 × 365 = 8,760 × 4 = ...   35.040

Total. 1.081.320

voyageurs transportés à 1 kilomètre, ou 13,516 à distance entière.

Il est d'usage, lorsqu'on étudie le trafic probable des voyageurs d'un chemin de fer en projet, de doubler la circulation existante pour les évaluations de produits. L'expérience a démontré que cette proportion restait toujours au-dessous de la vérité ; néanmoins nous nous y tenons, et en conséquence nous ajoutons   1.081.320

ce qui donne pour le trafic local probable 2.162.640

voyageurs transportés à 1 kilomètre.

VOYAGEURS

Transit.

Le transit des voyageurs ne pourrait être évalué d'une manière exacte que par l'examen des livres de la Compagnie d'Orléans; mais on est bien sûr de ne pas l'exagérer en le calculant d'après ce qu'il était avant l'établissement des chemins de fer de Paris à Nantes et de Paris à Bordeaux.

A cette époque il existait deux grands services de

A reporter 2.162.640

Report............ 2.162.640

Poitiers à Saumur, appartenant à la même Compagnie; les voitures, à trois et quatre chevaux, contenaient chacune dix à douze places.

Il existait en outre une voiture concurrente, à sept places, allant de Poitiers à Angers. Total des places offertes dans chaque sens, vingt-neuf moyennement. Si on déduit 1/4 pour les vides, il reste vingt et une places occupées, soit quarante-deux dans les deux sens; $42 \times 365 = 15,330 \times 80 = $.. 1.226.400

Pour les raisons exposées plus haut nous doublons également ce chiffre,

soit........................... 1.226.400

ce qui nous donne pour les voyageurs

de transit 2.452.800 2.452.800

et en totalité................................ 4.615.440
voyageurs kilométriques.

Pour trouver le produit brut de ce chapitre, nous avons cherché quelle était la proportion des différentes classes de voyageurs entre elles pour les six grands réseaux français, non compris les lignes de la banlieue de Paris, et voici ce que nous avons trouvé :

	Maximum.	Minimum.	Moyenne générale.
1re classe	11,41 0/0 (sur l'Ouest)	5,50 0/0 (sur l'Est)..	9 04
2e »	18,56 » »	12,00 » (sur le Midi)	15 23
3e »	80,60 » (sur l'Est)	70,03 » (sur l'Ouest)	75 73

Total égal............. 100 »

Nous avons ensuite établi nos calculs pour la ligne projetée de la manière suivante :

Nous avons réduit de moitié la moyenne de la première classe et nous l'avons fixée à 4 1/2 p. 0/0 seulement; nous avons réduit d'un tiers la moyenne de la deuxième classe fixée ainsi à 10 p. 0/0, et il nous est resté pour la troisième classe 85 1/2 p. 0/0.

Nous avons obtenu par ce moyen les résultats suivants pour la moyenne du transport par tête et par kilomètre :

$$
\begin{array}{rll}
4 \text{ voyageurs et demi de } 1^{re} \text{ classe à } 0,1120 = & \text{F. } 0,5040 \\
10 \quad » \quad\quad\quad 2^e \quad » \quad 0,0840 = & 0,8400 \\
85 \quad » \quad \text{et demi de } 3^e \quad » \quad 0,0615 = & 5,2582 \\
\end{array}
$$

Total 100   »   ayant produit.................F. 6,6022 ou en chiffres ronds 0,066 par voyageur et par kilomètre. C'est sur ce chiffre que nous calculons plus loin.

GRANDE VITESSE

MARCHANDISES

Beurre.

Il s'en fait beaucoup à Loudun pour Paris, mais nous ne le comptons pas, puisqu'il prendra la voie directe de Tours,

Il s'en expédie vingt-cinq tonnes environ de Chinon sur Poitiers, et il s'en expédiera sans doute autant de Trois-Moutiers et de Loudun, quand la ligne sera ouverte, en raison de l'écart du prix qui n'est pas moindre de 1 fr. 20 par kilogramme. Il faut donc compter sur 50 tonnes parcourant en moyenne 49 kilomètres, soit..   2.450

Œufs.

Saint-Clair, Ouzilly et Martaizé pourraient expédier 2,000 kilogrammes par semaine sur Paris si le chemin de fer existait, soit 104 tonnes par an, parcourant moyennement 12 kilomètres jusqu'à Loudun ; 104 × 12 = ... 1.248

Trois-Moutiers en exporte dès aujourd'hui 332 tonnes qui prendront le chemin de fer jusqu'à Loudun également ; en destination de Paris, 332 × 8 = ... 2.656

400 tonnes environ sortent de Mirebeau pour Paris par Châtellerault ; elles prendront aussi le chemin de fer jusqu'à Loudun. 400 × 29 = ... 11.600

Total.............. 15.504

Légumes frais.

Saumur en expédie environ 50 tonnes par an sur Loudun, où il n'y a pas de jardins maraîchers ; 50 × 35 = ... 1.750

Chenché, Vendœuvre et les autres localités de la vallée de la Pallu en expédient environ 1,500 tonnes sur Poitiers, et avec le chemin de fer la moitié au moins s'expédierait sur Paris par Loudun. On peut donc compter sur une distance moyenne parcourue de 30 kilomètres ; 1,500 × 30 = ... 45.000

200 tonnes choux-fleurs environ viennent pendant la saison d'Angers à Poitiers ; 200 × 80 = ... 16.000

Il y aurait à ajouter à ce tonnage tout ce qui sortira de la vallée de la Dive pour Paris ou Poitiers, car il n'est pas douteux que les cultures maraîchères remplaceront le chanvre de ce côté aussi, le jour où le chemin de fer sera en exploitatation ; mais nous ne comptons ces quantités que pour............................ mémoire.

Total.............. 62.750

Fruits de table.

A Loudun il n'y a pas d'écoulement pour les fruits, les cerises se perdent et les pommes se vendent mal. Tout cela s'expédierait donc sur Paris ou sur Poitiers si le chemin de fer existait. Pour Paris, les expéditions se feront par la ligne de Bressuire-Tours, et il n'y a rien à compter; pour Poitiers, il est assez difficile d'évaluer les quantités, et nous les notons seulement pour....... mémoire

A Brezé, Saint-Cyr-en-Bourg, Chacé et Varrains, il y a beaucoup de fruits également, et on peut évaluer à 100 tonnes, au minimum, ce qui pourrait être expédié de ces quatre communes; 100 × 8, distance moyenne, =.....   800

Total..............   800

Fruits cuits.

Il s'en expédie de Moncontour ou environs à peu près 100 tonnes sur Poitiers; 100 × 30 =..........................   3.000

Volailles mortes et vivantes.

1,200 oies environ, pesant 4,000 kilogrammes, sont vendues chaque semaine à Mirebeau, au marché ordinaire du mercredi ou au marché spécial du mardi, du commencement de mai à fin novembre, c'est-à-dire pendant 30 marchés. 30 × 4 = 120, dont les cinq sixièmes, soit 100 tonnes, vont sur Poitiers, Neuville et Châtellerault. Ces dernières, destinées au marché de Paris, prendraient jusqu'à Loudun la ligne projetée. 100 × 23 kilomètres, distance moyenne, =.................................   2.300

A reporter.............   2.300

$$\textit{Report}\ldots\ldots\ldots\ldots\ldots\quad 2.300$$

Trois ou quatre marchands de Mirebeau emportent vers Poitiers, pendant six mois environ, 100 kilogrammes chacun et par marché, de volailles mortes, en paniers, soit 350 kilog. × 26 marchés = 9 tonnes × 17 kilom. = ..   153

Il s'en expédie environ autant de Trois-Moutiers vers Loudun, soit 9 × 8 = ...   72

$$\text{Total}\ldots\ldots\ldots\ldots\quad 2.525$$

Bagages et Chiens.

On les évalue généralement à 3 0/0 de la recette des voyageurs, et la moyenne sur les grandes lignes est même un peu au-dessus de ce chiffre. Quoi qu'il en soit, pour rester fidèles au système d'évaluations modérées que nous avons adopté, nous ne les porterons qu'à 2 0/0. Le produit des voyageurs étant de 304,619 fr. 04 c. (1), on a donc de ce chef une nouvelle recette de 6,092 fr. 28 c., ci............... 6.092 fr. 28

Messagerie et Marchandises à grande vitesse.

Ce chiffre représente ordinairement 15 à 20 0/0 de la recette des voyageurs. Il est de 14 sur la ligne de l'Ouest et de 21-74 sur la ligne de la Méditerranée; sur les autres lignes il nous échappe parce qu'il est confondu avec d'autres produits. Pour rester dans le même ordre d'idées, nous l'évaluerons seulement à 10 0/0, ce qui donne..................................... 30.461 fr. 90

Mais, comme nous avons déjà fait entrer en ligne de compte (1) les produits qui nous sont connus, notamment les œufs, les légumes frais, les fruits et les volailles, qui donnent ensemble.......... 18.316   80

il ne reste à compter de ce chef que............ 12.145 fr. 10

(1) Voir le tableau ci-après.

Animaux en grande vitesse,

Ils représentent en moyenne sur les grandes lignes 15 p. 0/0 des animaux de petite vitesse. Mais cette moyenne se compose de chiffres qui s'écartent considérablement l'un de l'autre et qui varient de 6-18 p. 0/0 sur l'Est à 66 p. 0/0 sur la Méditerranée.

Nous ne les comptons, en conséquence, que pour.. mémoire.

Voici maintenant le compte récapitulatif par nature de produits des recettes brutes dont nous avons donné plus haut le détail.

Récapitulation des recettes.

MARCHANDISES PETITE VITESSE *Trafic local actuel.*	TONNAGE kilométrique	PRIX	PRODUITS par DIVISIONS	PRODUITS TOTAUX	TOTAL GÉNÉRAL
		f. c.	f. c.	f. c.	f. c.
Céréales.........	1.570.000	0 06	94.200 »		
Vins, vinaigres et spiritueux......	779.682	0 08	62.374 56		
Farines.....................	86.500	0 10	8.650 »		
Houille.................	297.800	0 06	17.868 »		
Engrais.................	480.000	0 05	24.000 »		
Briques et carreaux de pavage....	30.000	0 06	1.800 »		
Sel.....................	16.000	0 06	960 »		
Épicerie..............	9.000	0 14	1.260 »		
Faïence, poterie, etc.............	24.000	0 10	2.400 »		
Chanvre...............	56.000	0 09	5.040 »		
Marchandises diverses............	120.000	0 10	12.000 »		
Légumes secs.....	28.200	0 10	2.820 »	233.372 56	
Trafic local prévu avec le chemin de fer.					
Pommes de terre.............	120.350	0 07	8.424 50		
Pierres et moellons.............	1.262.500	0 06	75.750 »		
Bois de toutes sortes............	552.500	0 07	38.675 »		
Sables.....................	1.152.500	0 05	57.625 »		
Chaux.................	200.000	0 06	12.000 »	192.474 50	
Transit.					
Houille..............	496.000	0 06	29.760 »		
Ardoises.............	368.880	0 06	22.132 80		
Vins et spiritueux............	264.000	0 08	21.120 »		
Arbres vivants...........	96.000	0 16	15.360 »		
Toiles à voiles, fils et cordages....	72.000	0 09	6.480 »		
Fers, fontes et autres métaux......	120.000	0 06	7.200 »		
Porcelaines...............	80.000	0 10	8.000 »		
Papiers................	80.000	0 10	8.000 »		
Lainages.................	8.000	0 16	1.280 »	119.332 80	545.179 86
BESTIAUX *Trafic local.*	Têtes kil.				
Mules et mulets.............	292.800	0 04	11.712 »		
Porcs.....................	231.610	0 015	3.474 15		
Moutons....................	235.500	0 01	2.355 »		
Chevreaux et agneaux...........	66.000	0 005	330 »	17.871 15	
Transit.					
Bœufs....................	1.600.000	0 06	96.000 »		
Chevaux.....................	800.000	0 05	40.000 »		
Porcs..................	524.160	0 015	7.862 40	143.862 40	161.733 55
GRANDE VITESSE VOYAGEURS					
Trafic local...............	2.162.640	0 066	142.734 24		
Transit....................	2.452.800	0 066	161.884 80	304.619 04	304.619 04
MARCHANDISES	tonnes kil.				
Œufs.....................	15.504	0 20	3.100 80		
Légumes frais................	62.750	0 22	13.805 »		
Fruits de table.................	800	0 28	224 »		
Fruits cuits.................	3.000	0 16	480 »		
Volailles.................	2.525	0 28	707 »		
Bagages et chiens..............			6.092 28		
Messagerie.................			12.145 10		
Animaux à grande vitesse,.......			*Mémoire.*	36.554 18	36.554 18
TOTAL.............			1.048.086 63	1.048.086 63	1.048.086 63

Soit par kilomètre, 13,101 fr. 08.

Il résulte du tableau qui précède que les marchandises entrent
dans la recette générale pour...... 545.179 86 ou 52 02 %

Les bestiaux pour.............. 161.733 55 ou 15 43

Les voyageurs pour............ 304.619 04 ou 29 06

Lagrande vitesse et ses accessoires
pour........................... 36.554 18 ou 3 49

Total égal...... 1.048.086 63 = 100 »

C'est à peu près la proportion des recettes similaires sur les
lignes actuellement en exploitation, et comme nous avons un des
quatre chiffres ci-dessus, celui des voyageurs, dont l'exactitude
ne fait pas doute pour nous, en raison de la source à laquelle nous
avons puisé nos renseignements, nous sommes amené à dire que nous
nous trouvons dans le vrai pour les autres et que nos évaluations ne
nous ont pas trompé. Cela doit être d'ailleurs, car dans le doute
nous sommes toujours resté pour les quantités évaluées, plutôt au-
dessous qu'au-dessus, et on n'a pas oublié en outre que certains
produits qui ne nous ont pas paru assez exactement appréciables,
n'ont été comptés que pour mémoire.

A un autre point de vue, voici ce qui ressort encore des chiffres
ci-dessus.

Les marchandises, voyageurs et bestiaux qui circulent *aujoar-
d'hui* dans le pays avec les moyens de communication actuels représentent tout ce que nous avons désigné sous la rubrique trafic
local; moins cependant les pommes de terre, les pierres et moellons, le bois, le sable et la chaux, qui sont le trafic de l'avenir. Ils
donnent une recette brute de........ 393.977 fr. 95 ou 37-59 0/0

C'est beaucoup moins que le coût
d'exploitation kilométrique, ce qui démontre bien que M. l'ingénieur en chef
Compaing avait raison de dire que la
ligne, *dans les conditions où il l'a étudiée*,
n'était pas exécutable (1).

A reporter... 393.977 fr. 95 ou 37-59 0/0

(1) M. Compaing estimait que l'exploitation pourrait se faire à 6,000 francs par kilomètre, tandis que nous en comptons 8,000. Mais, même à 6,000 francs, les frais n'auraient pas été couverts, puisqu'ils représentent pour 80 kilomètres 480,000 francs! Et
l'intérêt du capital, où donc l'aurait-on pris?

Report........ 393,977 fr. 95 ou 37-59 0/0

Les pommes de terre, les pierres et moellons, le bois, le sable et la chaux, qui représentent aussi un trafic local, ne voyagent pas aujourdui, en raison du prix élevé des transports. Avec le chemin de fer, ces marchandises donneraient une recette brute de........ 192.474 50 18-36 0/0

Le transit (marchandises, voyageurs et bestiaux)...................... 425.080 » 40 56 0/0

La grande vitesse et accessoires.... 36.554 18 3-49 0/0

Total égal............ 1.048.086 fr. 63 = 100 » 0/0

Il est donc bien démontré que c'est le transit, avec son appoint de 425,000 fr., qui rend possible l'exécution de la ligne, et que le chemin de fer projeté de Poitiers à Saumur, basé sur une recette ainsi arrondie, est parfaitement exécutable. On le verra mieux encore plus loin lorsque nous établirons le compte général de l'exploitation future.

Un mot maintenant sur la manière dont nous avons établi nos calculs. Toutes les distances ont été comptées par nous dans la prévision d'une exécution simultanée des deux lignes de Poitiers à Bressuire et de Bressuire à Tours, et tout ce qui, de la section intermédiaire de Mirebeau à Loudun, nous a paru être en destination de Paris, n'a été compté par nous que jusqu'à Loudun. De même tout ce qui partira de Loudun pour Tours, Orléans et Paris a été considéré comme naturellement acquis à la ligne de Bressuire à Tours et n'a pas été compté du tout.

D'un autre autre côté, nous n'avons compté en faveur de la ligne de Poitiers à Saumur, que quelques-uns des produits en provenance des deux lignes de Bressuire à Poitiers et de Bressuire à Tours, et nous avons négligé tout ce qui ne nous a pas paru présenter des éléments suffisants d'appréciation.

Enfin, en ce qui concerne les prix, chaque fois qu'il s'est agi de marchandises de grands parcours susceptibles d'être détournées par des tarifs différentiels, nous avons pris bour base les tarifs similaires de la Compagnie d'Orléans. Et à cet égard qu'il nous soit permis de présenter ici une observation générale qui a bien quelque intérêt au point de vue du développement des relations commerciales. Depuis la promulgation de la loi de 1865, nous avons souvent entendu émettre cette opinion, que les chemins de fer d'intérêt local n'étaient possibles qu'à la condition de tarifs élevés. Nous croyons que c'est là une erreur économique grave, et qu'il vaut mieux transporter beaucoup avec des tarifs réduits, que d'avoir des prix élevés avec un matériel inoccupé. Du reste, on ne saurait trop le redire, ces chemins ne sont possibles, dans la plupart des cas, qu'à la condition de joindre le transit aux ressources locales, et les chiffres que nous venons de présenter en donnent, suivant nous, une démonstration assez évidente pour que nous n'y revenions plus. C'est dans l'économie de la construction et dans l'adjonction du transit que gît tout le problème.

Cette étude serait incomplète si nous ne tenions pas compte des voies nouvelles qui paraissent devoir être exécutées autour de nous, dans un avenir assez prochain, et de l'influence bonne ou mauvaise qu'elles peuvent avoir sur notre exploitation et notre trafic (1).

Parmi ces lignes il en est cinq dont nous avons déjà parlé ; ce sont celles d'Angers à Laval, de Bressuire à Tours, de Bressuire à Poitiers, de Saumur à Vihiers, et de Saint-Mathurin à Baugé. La première est notre prolongement direct, et son exécution ne peut avoir qu'une très-heureuse influence sur l'avenir de la ligne projetée puisqu'elle lui ouvre des débouchés qui lui resteraient fermés sans cela.

Pour la 2e et la 3e (Bressuire à Tours et Poitiers à Bressuire), on a prétendu que leur construction prochaine diminuerait le produit de la nôtre. Nous ne pouvons partager cette opinion, et nous croyons, au contraire, que c'est là une circonstance heureuse dont il y a lieu de se féliciter. Sans doute, à voir les choses surperficiellement, il semblerait qu'il dût en être ainsi ; mais il faut les voir de plus haut. Si, en effet (pour ne citer qu'un exemple), les marchandises expédiées des pays au sud de Loudun pour Paris ou les Deux-Sèvres suivent la ligne transversale à partir de cette ville au lieu

(1) Voir la carte n° 2.

de continuer sur Saumur, il est évident qu'il y aura là une perte
pour la ligne de Poitiers à Saumur. Mais, par contre, la ligne transversale lui amènera d'autres produits qui, sans elle et sans nous,
auraient continué à se consommer sur place ou à s'éparpiller
sur les routes de terre, notamment ceux de Chinon et des Deux-
Sèvres pour Saumur et pour la Vienne, et réciproquement. Nous
recevrons donc au moins l'équivalent de ce que nous perdrons ;
mais le développement naturel de la circulation aidant, nous recevrons en outre des quantités et des produits auxquels personne
sans doute ne pense aujourd'hui ; c'est dans l'ordre naturel des
choses. L'expérience nous enseigne, d'ailleurs, qu'il en est toujours
ainsi chaque fois que l'ouverture d'une voie nouvelle répond à un
besoin vraiment senti, et c'est là le meilleur argument que nous
puissions invoquer.

La 4° ligne (Saumur à Vihiers) devant venir, suivant toute vraisemblance, se souder à nous, dans notre gare même de Saumur,
nous apportera tous les produits de Vihiers et de Doué en destination du Centre ; notamment les céréales, et les chaux hydrauliques
qui se fabriquent à Doué en quantités considérables.

La 5° enfin (Saint-Mathurin à Baugé), étant dirigée vers le Nord,
est pour nous un prolongement aussi naturel et aussi direct que la
ligne d'Angers à Laval.

Outre ces cinq lignes, il y en a d'autres qui, pour s'exécuter dans
un rayon moins immédiat, n'en doivent pas moins être examinées
au point de vue de leur influence possible sur le trafic de la nôtre.
Ce sont 1° celle de Niort à Saint-Jean-d'Angély, et son prolongement sur la ligne de Rochefort-Saintes, qui, toutes deux, paraissent
devoir être concédées à la Compagnie des Charentes ; 2° celle de
Niort à Ruffec ; 3° celle de Tours à Châteauroux.

1° La ligne de Niort à Saint-Jean-d'Angély, prolongée sur la
ligne de Rochefort-Saintes vers Saint-Savinien, constituera, cela est
vrai (en comblant la seule lacune intermédiaire existant aujour-
d'hui), une 2° ligne d'Angers à Bordeaux. Mais il n'est pas à
craindre qu'elle ait pour nous d'influence fâcheuse, et ceci pour
trois raisons. D'abord elle sera plus longue ; en second lieu, elle sera
pendant longtemps encore à simple voie sur la plus grande partie
de son parcours, ce qui est une grande gêne pour une exploitation
à longue distance ; enfin la Compagnie d'Orléans aura évidemment

plus d'intérêt à transporter par elle-même entre **Bordeaux** et **Poitiers** d'un côté, **Saumur** et **Angers** de l'autre, que si elle prenait la seconde ligne qui ne lui laisse le transport qu'entre **Bordeaux** et la **Roche-Chalais** d'un côté, **Niort** et **Angers** de l'autre.

Examinons d'abord la question de distances.

Par la ligne de Saumur-Poitiers, les distances sont les suivantes :

Angers à Saumur	44 kil.
Saumur à Poitiers....................................	92 —
Poitiers à Bordeaux	246 —
Total...................	382 kil.

Par la ligne de Cholet, Niort, Saint-Jean, Saintes et la Roche-Chalais :

D'Angers à la Poissonnière.....................	15 kil.
De la Poissonnière à Niort.....................	158 —
De Niort à Saint-Jean-d'Angély, environ	55 —
De Saint-Jean-d'Angély à Saint-Savinien, environ.	15 —
De Saint-Savinien à Saintes	17 —
De Saintes à la Roche-Chalais, environ.........	110 —
De La Roche-Chalais à Bordeaux	68 —
Total...................	438 kil.
Différence *en faveur de la ligne par Poitiers*......	56 —

Quant à la longueur de double voie, elle est sur la première ligne de 290 kilomètres et sur la seconde de 83 seulement, la simple voie étant, par contre, de 92 kilomètres seulement sur la ligne par Poitiers et de 355 par la ligne de Saintes et Niort.

Enfin, par la première, la Compagnie d'Orléans, qui est tête de ligne aux deux extrémités, profite des transports sur 290 kilomètres de ses propres rails, et par la seconde sur 241 kilomètres seulement.

Il n'y a donc rien à craindre de ce côté.

2° La ligne de Niort à Ruffec ouvre une communication nouvelle d'Angers sur Angoulême; mais cette seconde communication est, relativement à la ligne projetée, dans les mêmes conditions d'infériorité que la précédente, relativement à Bordeaux.

Voici à cet égard les distances comparatives :

D'Angers à Niort par Cholet .... 173 kil.
De Niort à Ruffec, environ.....................   75 —
De Ruffec à Angoulême ....   47 —
                                              ____
                            Total................. 295 kil.

D'Angers à Saumur ....   44 kil.
De Saumur à Poitiers ....   92 —
De Poitiers à Angoulême ....   115 —   251 —
                                   ____
Différence *en faveur de la ligne par Saumur et Poitiers* ....   44 kil.

Ce que nous avons dit pour les deux lignes de Bordeaux touchant la simple voie d'un côté et la double voie de l'autre s'applique également à celle-ci.

3° La ligne de Tours à Châteauroux pourra nous enlever quelques-uns des transports de l'Indre, mais ils nous reviendraient le jour où une ligne de Poitiers à Châteauroux serait exécutée. En tout cas, nous n'avons pas compris ces transports dans nos calculs, et ils n'en sont, par conséquent, en rien modifiés.

On voit par tout ce qui précède que nous avons beaucoup à gagner et peu à perdre à l'exécution des lignes dont il vient d'être parlé, et que nous pouvons sous ce rapport envisager l'avenir avec plus de confiance que de crainte.

CONSTRUCTION

—

Nous avons maintenant à nous expliquer sur le mode de construction de la ligne et sur son coût d'établissement.

Nos plans, qui diffèrent très-peu de ceux de M. l'ingénieur en chef Compaing, supposent :

1° L'achat des terrains, l'exécution des ouvrages d'art et des terrassements pour une voie ;

2° Une voie d'évitement de 400 mètres de longueur dans chaque station pour le croisement des trains ;

3° Des passages à niveau avec barrière et guérite pour gardiens, à la rencontre des routes impériales et départementales.

4° Des passages à niveau libres à la rencontre des autres chemins;

5° Des clôtures au droit des stations, et le reste du chemin dans les conditions des routes ordinaires;

6° Des bâtiments pour voyageurs, composés de simples maisons de garde avec appentis , les voies de garage et les quais strictement nécessaires au service des marchandises.

7° Des voies construites à la largeur ordinaire de 1 mètre 44, avec des rails de 30 kilogrammes au mètre courant.

Le seul point qui nous sépare ici de M. Compaing est le dernier, M. l'ingénieur en chef proposant des rails de 35 kilogrammes au lieu de 30. C'est un luxe qui nous paraît inutile, la traction devant se faire par nos machines qui seront généralement un peu plus légères que celles de la Compagnie d'Orléans. Quant au reste du matériel de cette Compagnie, il pourra toujours circuler sur notre ligne sans inconvénient.

Dans les conditions ci-dessus, le chemin pourrait être construit à 120,000 fr. par kilomètre, matériel compris, et il n'y a à cet égard aucune incertitude, puisqu'on nous a fait des offres à ce prix. On peut donc en toute assurance calculer sur ces données le chiffre de la construction, et c'est en effet de cette base que nous sommes parti, ainsi qu'on le verra plus loin.

EXPLOITATION

Nombre, nature et vitesse des Trains.

Nous pensons que pour un chemin de fer placé dans les conditions de celui dont nous nous occupons aujourd'hui et qui a pour aboutissants des lignes situées tout à la fois aux deux extrémités et au milieu du parcours, les nécessités de la correspondance sur ces divers points occasionneront forcément quatre trains par jour dans chaque sens.

Ces trains devront être généralement mixtes, c'est-à-dire, porter tout à la fois marchandises et voyageurs, et la situation topographique des principales stations de la ligne en permettra facilement le croisement.

Leur vitesse pourrait être réglée, dans ces conditions, à 28 ou 30 kilomètres à l'heure, temps d'arrêt compris, et le trajet total s'effectuerait ainsi en trois heures environ.

Dépenses d'exploitation.

Maintenant il s'agit de rechercher ce que coûterait l'exploitation, et c'est là l'inconnue qu'il faut essayer de dégager.

Il est évident, en effet, que les frais d'exploitation varieront suivant le nombre et le poids des trains, l'inclinaison de la voie, l'importance du trafic, toutes choses qui ne peuvent guère s'évaluer par approximation.

L'expérience nous enseigne que pour des lignes comme celle dont il est question ici et qui ont déjà un trafic d'une certaine importance, il faut compter sur 8,000 francs par kilomètre environ. Cependant, dans sa brochure sur les chemins de fer (1), M. Alfred Férot, qui ne flatte pas les chemins de fer vicinaux, mais qui raisonne en homme pratique, estime à 58 p. 0/0 le rapport de la dépense à la recette pour les chemins de fer ayant des recettes brutes de 10 à 15,000 francs par kilomètre. Ces 58 p. 0/0 représenteraient ici 7,678 fr. 67 cent. au lieu de 8,000 francs. Enfin, M. Compaing, qui a raisonné, il est vrai, dans l'hypothèse d'une exploitation moins active, n'a évalué qu'à 6,000 francs le chiffre de la dépense kilométrique. De ces trois chiffres, c'est le premier que nous adopterons comme étant le plus élevé, afin d'éviter tout mécompte dans nos appréciations.

Capital.

Dans les conditions qui précèdent, le capital nécessaire pour l'établissement de la ligne peut être calculé ainsi qu'il suit :

77 kilomètres à 120,000 francs............ Fr.	9.240.000
Traversée de Saumur, environ (2).............	100.000
Intérêts à 5 p. 0/0 pendant la construction supposée devoir durer 3 ans; moyenne, 18 mois, sur le chiffre ci-dessus	700.500
Roulement et imprévu......................	959.500
Total.............. Fr.	11.000.000

Ce capital se décomposerait ainsi :

Subvention de l'État, dans les conditions de la loi de 1865 (1/3 pour le département de la Vienne, 1/4 pour le département de Maine-et-Loire) (3).....................Fr. 3.437.500

A reporter........ 3.437.500

(1) Paris, Dentu, 1865.
(2) On sait qu'il n'y aurait que la voie à poser.
(3) La longueur du chemin se divise ainsi : 3/4 environ pour la Vienne, 1/4 pour Maine-et-Loire.

Report............ 3.437.500

La subvention des départements et dés communes, en raison du grand intérêt qu'offre pour eux la ligne projetée, nous semble pouvoir être évaluée sans exagération à............................ .... 1.000.000

Il resterait donc à demander au public, sous forme d'actions ou d'obligations à diviser à peu près par moitié.................................. 6.562.500

Total égal......... Fr. 11.000.000

On pourrait, par exemple, émettre 12,000 obligations à 275 francs produisant 15 francs d'intérêt annuel, et remboursables à 500 francs en 60 ans. On obtiendrait ainsi un capital de... Fr. 3.300.000

On émettrait pour le surplus 6,525 actions de 500 francs, soit............. 3.262.500

Total égal au chiffre ci-dessus.. Fr. 6.562.500

Produit net.

En conséquence de ce qui précède, établissons maintenant le compte de ce qui reviendra au capital actions.

Nous avons vu que le produit brut est de... Fr. 1.048.086 63

Il faut en déduire :

1° Pour frais d'exploitation à 8,000 francs par kilomètre, sur 80 kilomètres...Fr. 640.000 »

2° Pour le service des obligations (intérêt et amortissement)........ 190.000 »

3° Impôt de 10 p. 0/0 sur le prix des places de voyageurs, ce 10ᵉ étant compté dans le produit brut. 30.461 90   860.461 90

Il resterait donc aux actions............ Fr. 187.624 73

soit pour chacune d'elles, 28-75 ou 5-75 p. 0/0.

CONCLUSION

—

La construction du chemin de fer est donc possible, commercialement parlant, et nous croyons qu'après avoir lu cette Note, qui n'est en réalité que la reproduction des renseignements recueillis par nous, personne ne conservera plus de doutes à cet égard.

Nous avons, du reste, pour nous contrôler des moyens qui ne trompent pas, càr ils reposent sur des faits, et s'ils affirment une fois de plus nos évaluations, il faudra bien que les opposants eux-mêmes se rendent à l'évidence.

Nos points de comparaison, les voici :

1° Le chemin des Charentes, à peine ouvert, rend déjà 11,500 francs par kilomètre (1). Or, il est dans des conditions moins bonnes que le nôtre, car il est sérieusement concurrencé par la navigation de la Charente dont le régime est très-bon, surtout entre Saintes et Rochefort où elle est favorisée par le flot et où elle est à la fois maritime et fluviale (2). D'un autre côté, cette ligne n'a encore ni à l'une ni à l'autre de ses extrémités ce rayonnement de voies ferrées d'un côté, de voies ferrées et fluviales de l'autre qui est pour nous la moitié du succès. Si donc, dans ces conditions et pour un début d'exploitation, elle rend déjà 11,500 francs, il est certain que nos calculs ne nous trompent pas quand ils accusent 13,000 francs dans des conditions meilleures pour la ligne projetée de Pcitiers à Saumur.

(1) *Moniteur* du 13 mars 1868.

(2) On pourrait nous objecter aussi la concurrence de la Vienne et du Thouet. Mais, outre que la Vienne est éloignée de la ligne projetée, et n'a avec elle qu'un aboutissan commun, Saumur, elle manque d'eau presque constamment, et la navigation y est pour ce motif toujours incertaine, longue et coûteuse. Quant au Thouet, il ne dessert aucun point important, et le canal de la Dive qui lui fait suite n'en dessert aucun non plus. C'est une impasse qui s'arrête à Pas-de-Jeu et ne nous est parallèle qu'entre Saumur et Epieds sur quelques kilomètres seulement de parcours! Il n'y a donc aucune comparaison possible entre notre situation et celle faite à la Compagnie des Charentes par la concurrence de la rivière qui lui est parallèle.

2° La ligne de Poitiers à Limoges, nouvellement ouverte et qui traverse un pays relativement pauvre, est déjà encombrée de voyageurs (1), et nous pourrions ajouter aussi, de marchandises. Nous ne connaissons pas le chiffre de la recette, parce qu'il est confondu, dans la comptabilité de la Compagnie d'Orléans, avec celle des autres lignes du nouveau réseau; mais le produit de 18,238 francs, annoncé comme étant cette année le chiffre moyen de l'ensemble, est assez supérieur au nôtre pour nous maintenir de ce côté aussi dans l'opinion que nous n'avons rien exagéré et que nous sommes dans la vérité.

Nous aurions peut-être encore à faire passer sous les yeux de nos lecteurs les observations qui nous arrivent de tous côtés sur l'utilité de la ligne; mais nous pensons qu'elle n'est plus aujourd'hui sérieusement contestée par personne et qu'elle est mûre pour l'exécution. Nous nous bornerons donc à une simple remarque qui lèvera, nous l'espérons, tous les scrupules, c'est que *les prix de transport actuels, qui varient de 0,53 à 0,85 cent. par tonne et par kilomètre* sur les différents points de la ligne, *épuisent le pays*, et *qu'il est impossible de le laisser plus longtemps dans une situation qui serait sa ruine.*

Nous ne terminerons pas cette Note sans remercier toutes les autorités de la contrée du concours qu'elles nous ont prêté, le commerce et les agriculteurs de leurs sympathies et de leurs encouragements, et nous sommes heureux de pouvoir annoncer à tous que nous allons, à partir de ce moment, nous occuper sans relâche de la question des voies et moyens afin d'arriver dans le plus bref délai possible à la période d'exécution.

G^{er} GALLAND,

Rue Bleue, 27.

Paris, 15 avril 1868.

(1) *Journal de la Vienne* du 11 janvier 1868.

PARIS. — TYPOGRAPHIE ET LITHOGRAPHIE RENOU ET MAULDE, RUE DE RIVO I, 144.   13649

Nantes
Segré
Aubigné

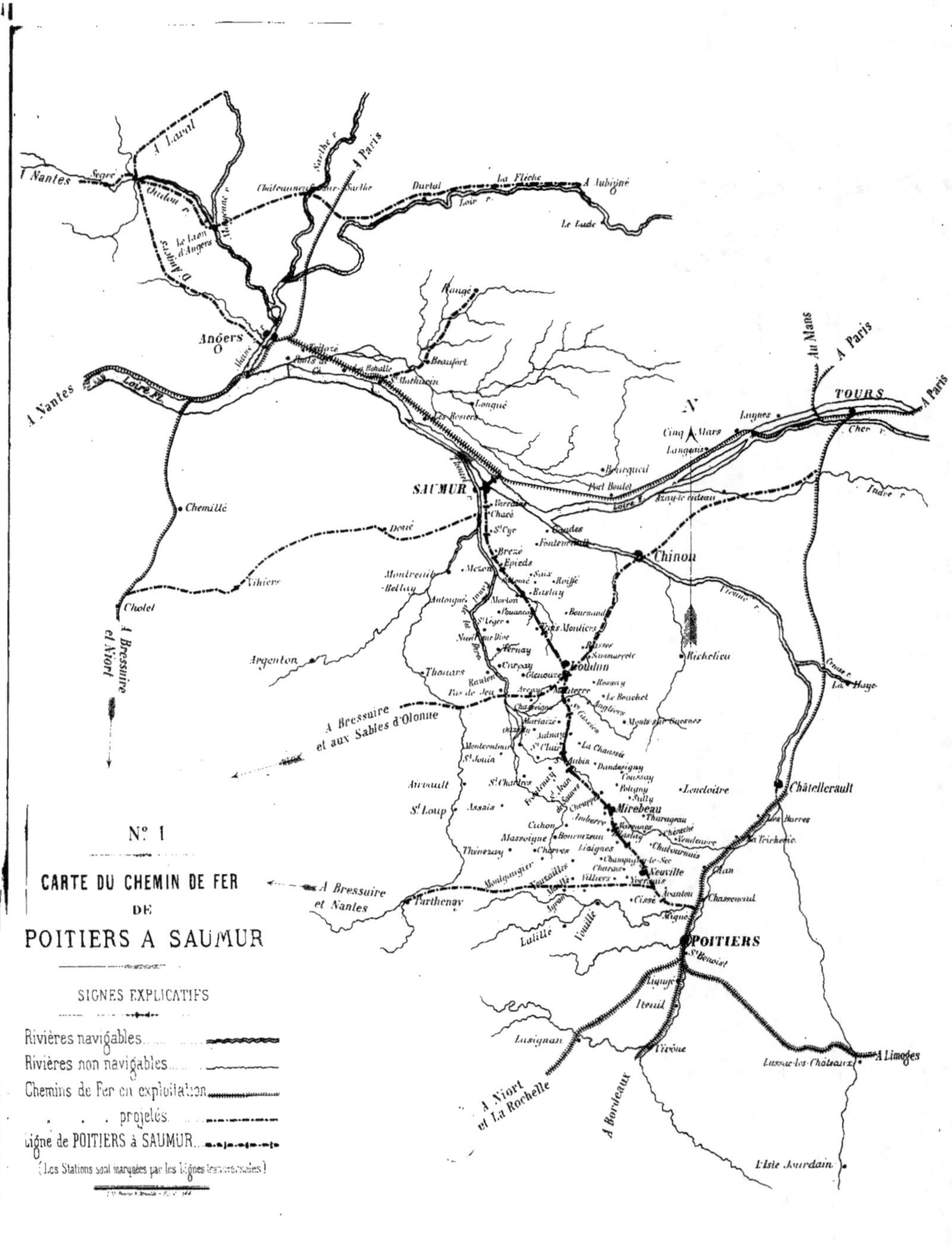

Nº 1

CARTE DU CHEMIN DE FER

DE

POITIERS A SAUMUR

SIGNES EXPLICATIFS

Rivières navigables..............
Rivières non navigables..........
Chemins de Fer en exploitation...
             projetés............
Ligne de POITIERS à SAUMUR......

(Les Stations sont marquées par les lignes transversales)

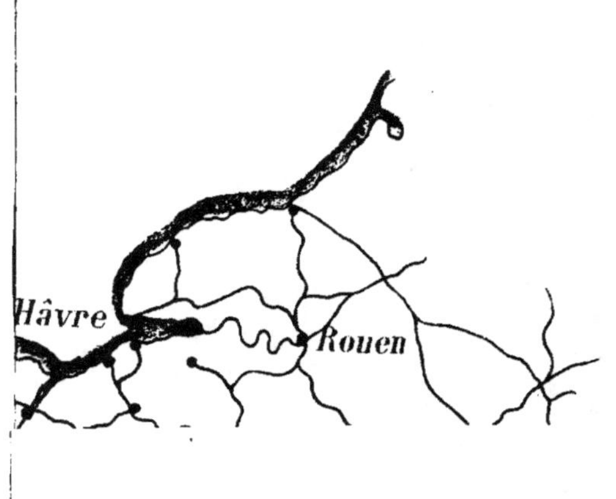
Hâvre
Rouen

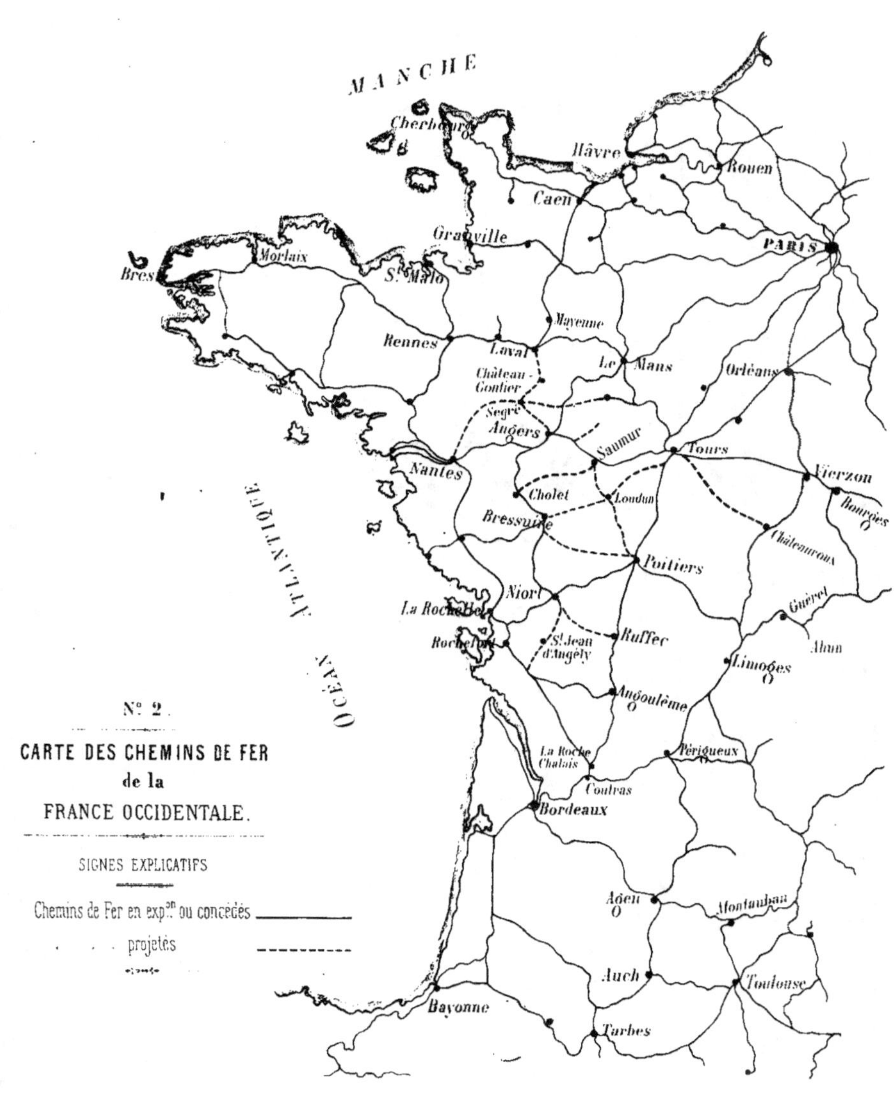

MANCHE
Cherbourg
Hâvre
Rouen
Caen
Granville
Morlaix
Brest
S.t Malo
PARIS
Mayenne
Rennes
Laval
Le Mans
Orléans
Château-Gontier
Segré
Angers
Saumur
Tours
Vierzon
Nantes
Cholet
Loudun
Bourges
Bressuire
Châteauroux
Poitiers
Niort
La Rochelle
Gueret
Ahun
Rochefort
S.t Jean
d'Angély
Ruffec
Limoges
Angoulème
OCÉAN ATLANTIQUE
La Roche
Chalais
Périgueux
Coutras
Bordeaux
Agen
Montauban
Auch
Toulouse
Bayonne
Tarbes

N.o 2.
CARTE DES CHEMINS DE FER
de la
FRANCE OCCIDENTALE.

SIGNES EXPLICATIFS

Chemins de Fer en exp.on ou concédés
projetés

13049 — Imprimerie RENOU et MAULDE, rue de Rivoli, 144.